江苏名镇

窑湾镇志

新沂市窑湾镇志编纂委员会
江苏省地方志编纂委员会办公室
编著

JIANGSU
FAMOUS TOWN

ANNALS
OF
YAOWAN TOWN

南京出版传媒集团 南京出版社

图书在版编目（CIP）数据

江苏名镇．窑湾镇志 / 新沂市窑湾镇志编纂委员会，江苏省地方志编纂委员会办公室编著．-- 南京：南京出版社，2023.12
ISBN 978-7-5533-4431-7

Ⅰ．①江… Ⅱ．①新… ②江… Ⅲ．①乡镇－地方志－新沂 Ⅳ．① K925.35

中国国家版本馆 CIP 数据核字（2023）第 224022 号

书　　名 江苏名镇·窑湾镇志
编　　著 新沂市窑湾镇志编纂委员会
江苏省地方志编纂委员会办公室
出版发行 南京出版传媒集团
南 京 出 版 社
社址：南京市太平门街53号　　邮编：210016
网址：http://www.njcbs.cn　　电子信箱：njcbs1988@163.com
联系电话：025-83283893、83283864（营销）　025-83112257（编务）

出 版 人 项晓宁
出 品 人 卢海鸣
责任编辑 严行健
装帧设计 良在设计
责任印制 杨福彬

排　　版 南京凯德印刷有限公司
印　　刷 南京凯德印刷有限公司
开　　本 787毫米 × 1092毫米　1/16
印　　张 16.25
字　　数 298千字
版　　次 2023年12月第1版
印　　次 2023年12月第1次印刷
书　　号 ISBN 978-7-5533-4431-7
定　　价 98.00元

江苏名镇名村志总序

江苏人文荟萃，文化底蕴深厚，享有“方志之乡”的美誉。历代志书不仅数量众多，良志辈出，而且镇村志编修也十分发达。仅明清两代，江苏就有镇村志239种，为全国仅有。党的十八大以来，地方志事业进入新的发展阶段。根据《国务院办公厅关于印发全国地方志事业规划发展纲要（2015—2020）的通知》对镇村志工作提出的新要求，2016年12月，省政府办公厅发文，启动全省名镇名村志编修。这是江苏镇村志编修的新的里程碑。

习近平总书记强调，乡土文化的根不能断。乡镇村庄是中华传统文化的根基，积淀了中华民族灿烂的农耕文明，见证了千百年来社会的发展变迁，寄托无数华夏儿女的乡愁记忆。江苏现有国家级和省级历史文化名城16座、历史文化名镇39个、历史文化名村18个、中国传统村落33个、历史文化街区99处。国家级历史文化名城、名镇和中国历史文化街区的数量均名列各省区首位。在这片肥沃的土地上，江苏人民世代躬耕劳作，留下了数量众多的名镇名村，催生了丰富多彩的乡土文化。有“人家尽枕河”的江南小镇，也有“两面云山一面湖”的淮海胜境；有“水光翻动五湖天”的自然景致，也有“听取蛙声一片”的农家村落。这些名镇名村所蕴含的优秀乡土文化，是中华传统文化的重要组成部分。

党的十九大提出乡村振兴战略。这是美丽乡村建设的关键举措，也是传承发展传统文化的有效途径。截至2018年底，我国常住人口城镇化率达59.58%，江苏达到69.61%。千百年来“暧暧远人村，依依墟里烟”的乡村中国，正在经历着人类历史上规模最大、速度最快的城镇化进程。如何处理好传统与现代、继承与发展的关系，如何把记忆留住、把乡愁留下，是摆在我们面前的一道必答题。江苏以高度的历史责任感，出台保护名镇名村的政策法规，探索保护名镇名村的路径方法，为社会经济发展留下文化根脉，让子孙后代望得见山、看得见水、记得住乡愁，众多名镇名村得到有效保护，不少名镇名村驰名中外，许多有益的探索弥足珍贵。这些可圈可点的江苏经验，是一笔不可多得的宝贵财富。

“直笔著信史，彰善引风气，为当代提供资政辅治之参考，为后世留下堪存堪鉴之记述。”省地方志办公室组织编纂的《江苏名镇名村志》丛书，旨在通过权威的地情资料，以突出“名”“特”的志书表达方式，记录名镇名村的前世今生，展示名镇名村的文化魅力，推介名镇名村的品牌价值，让乡愁记忆有所承载，让家国情怀有所寄托，为乡村振兴战略提供人文关怀，为新型城镇化建设提供历史智慧。

省地方志办公室坚持理念创新，引领工作创新，创造性地以编纂全媒体志书的思路指导江苏名镇名村志丛书的编纂。不仅积极抢救保存传统的村镇文化，更着眼未来，把宣传推介村镇文化、服务乡村振兴战略作为志书的重要使命，让名镇名村志成为当地名片。不仅如实记录名镇名村发展的历史，更适应当代记录手段的多样化，采用时尚图书的做法、按照最美图书的标准，改变以文字记录为主的传统方式，把音视频、图片与文字等量齐观，让读者在有限的时间和空间内获取最大的信息量，使名镇名村志从无声变成有声，从平面成为立体，从静态变为动态，真正为人民群众所喜闻乐见。

“君自故乡来，应知故乡事。”每一部志书，记载的都是一方水土上的人和事，都是一方人民的精神家园。希望大家在打开《江苏名镇名村志》，品读一个个鲜活的乡村故事的时候，努力地去触摸民族精神的灵魂，在深切感受历史文化气息和爱国爱家情怀的过程中，涵养文化自信的根基。

谢润盛

2020年8月

序

窑湾历史悠久，源远流长。大约一万年前，这里就有了人类活动的足迹。著名的花厅遗址，距离窑湾镇域不到10公里。唐初武德元年(618)窑湾建镇，至今已有1400多年历史。明万历三十二年（1604），工部右侍郎、总理河道李化龙开泇运河，京杭运河始从窑湾通过。康熙二十五年（1686）河道总督靳辅开中河，北接韩庄运河，南接里运河，避黄河180里险道，达到“黄运分离”，形成安全通畅的中运河水道。窑湾扼南北水路之要津，成为南北水运枢纽和重要的商品集散地。水运的兴盛带来了商业和文化的繁荣，在清至民初的鼎盛时期，古镇设有八大会馆，住有十国商人和传教士，邮局、钱庄、当铺、商铺、工厂、作坊、游乐场所等达360余家，有“黄金水道金三角”和“小上海”之称。

在大运河与历史发展的浸润下，窑湾形成了以商帮文化为主导，以商业文化、建筑文化、宗教文化、医药文化、文学艺术、民俗文化、饮食文化等为系列内涵，以南北文化交融为特征的大运河特色文化。

窑湾文化传统底蕴深厚，曾孕育武举人臧纡青、震远将军马从凯、参与公车上书的举人陆文椿等一批历史名人。厚重的历史，也为窑湾留下了鲜明的红色印记。1928年春，中国共产党在境域内闫溜村建立宿北第一个党支部。抗日战争时期，中共地方武装力量配合八路军、新四军作战数百次，给予日伪军沉重打击。1939年9月的尹庄伏击战，打死日军骑兵17名，缴获轴重车2辆，战马6匹，被誉为苏北的“小平型关”之战。1948年11月，举世闻名的淮海战役首战窑湾，全歼国民党第六十三军1.5万余人，打响了淮海战役的第一枪，“十人桥”的故事，就发生这次战斗中。在争取民族解放的斗争中，有数百名窑湾儿女，献出了宝贵的生命。

2008年，窑湾古镇保护开发工程启动。修缮恢复了山西会馆、江西会馆、吴家大院、天主教教堂、赵信隆酱园店、东西当典、大清邮局等数十个历史文化遗存和西大街、中宁街、后河街等历史文化街区，打造了古运河风光带和骆马湖湿地公园。深厚的文化底蕴和大运河、骆马湖美丽的风光有机融合，成为新沂市的靓丽旅游名片。先后获得江苏省历史文化名镇、国家4A级旅游景区、中国最具魅力乡村旅游目的地、全国特色景观旅游名镇等称号。改革开放以后，窑湾农业、工业、旅游业和各项社会事业全面发展，人民生活和社会文明水平显著提高。2015年，窑湾镇获评第四届全国文明镇荣誉称号，是新沂地区唯一的全国文明镇。

窑湾是大运河文化的重要古镇，文化底蕴深厚。多年来，窑湾镇十分重视地方文化的传承工作，也有一批地方文化学者致力于古镇文化的发掘整理工作，编辑出版了一批研究专著。2010年后，窑湾镇党委、政府组织人员开展《窑湾镇志》的编纂工作，并于2016年完成了《窑湾镇志》（初稿）。

2022年初，江苏省地方志编纂委员会办公室将《窑湾镇志》列入江苏名镇志编纂计划。窑湾镇党委、政府高度重视，成立了编纂领导小组，组织聘请一批地方文化研究者开展编纂工作。根据窑湾运河文化古镇、旅游特色小镇、红色文化名镇的特点，精心进行篇目设计，使窑湾古镇的文化特色得到了充分体现。

盛世修志，志载盛世。《江苏名镇·窑湾镇志》付梓问世，成为窑湾有史以来第一部公开出版的志书。这是窑湾古镇千年文化的凝聚，也是新时代文明发展的成果。《窑湾镇志》作为现代窑湾人的宝贵财富，将充分发挥其“存史、资政、育人”功能，成为我们建设和谐窑湾、美丽家园的精神动力和文化资源。

中共新沂市窑湾镇委员会书记　张　军

窑 湾 镇 人 民 政 府 镇 长　苏衍超

2022年12月

前言

“大运河在这里弯，小上海在这里弯”，一曲《家乡窑湾》让古镇名扬“词曲中国2022原创词曲大赛颁奖盛典”现场；而盛世修志，又让《窑湾镇志》位居“江苏名镇志”行列。

“志载盛世”，作为拥有“全国文明镇、国家级生态镇、全国重点文物保护单位、国家4A级旅游景区”等10多项国家级荣誉的窑湾镇，修撰、出版《窑湾镇志》，是一件可圈可点的史志要务，也是一件可喜可贺的文化盛事，必将起到存史资政、经世教化的重要作用。

窑湾镇历史悠久，据典籍记载，远在一万年前这里就有人类活动的印迹，从镇西约5 公里处的二龙山、岠山出土的文物，可以验证我们的祖先远古就在这里狩猎谋生。公元605年，隋朝开发大运河从窑湾经过，切断了通往黄河的山河，将山河调尾从镇东入运，把原来镇西的入口填平，故更名窑湾口合镇，属下邳郡（《隋书·地理志》）。唐朝初年（公元618年）正式建镇，至今已有 1400 多年历史，为苏北建镇最久的乡镇之一。

窑湾襟连京杭大运河和骆马湖，作为千年水乡古镇，历史文化积淀深厚。既有封建束缚，外敌入侵，洪患肆虐的悲愤记忆，也有英才志士，保家卫国，气贯长虹的璀璨光彩。特别是新中国建立以后，在党的领导下，窑湾人民励精图治，奋发作为，战天斗地，让这方水土发生了沧桑巨变。因此，不能没有一部自己的志书。古人云：“欲知大道，必先知史。”盛世修志不单是传统的惯例，更应该是时代的呼唤、民众的期望、建设的参照、发展的需要。使之前有所稽，后有所鉴，让世人知道窑湾的渊源，了解窑湾的根梢。而《窑湾镇志》的问世，将为海内外朋友认识窑湾、研究窑湾提供第一手资料，为窑湾侨居各地的乡亲情切桑梓展示桥梁和纽带，同时也对青少年进行爱祖国、爱家乡的教育贡献一部乡土教材。《窑湾镇志》的出版，将告慰曾经为窑湾乃至全国解放事业英勇献身的革命先烈，激励仍在为窑湾的建设和发展而辛勤奋斗的广大人民群众。

《窑湾镇志》作为记载窑湾传承和发展的志书，共分九个篇章，详细记载了窑湾的自然、政治、经济、文化、社会等各个领域的历史演变和盛衰起伏，资料丰富，内容详实，堪称一部地方百科全书。此部志书上限不定，因事而异，追溯发端，下限止于2021年12月，大事件延记到2022年12月。编撰者运用辩证唯物主义和历史唯物主义的观点，承修志传统，以辩证求是精神进行广征博采，勾陈捞失，探精发微，秉笔直书，力求在思想性、科学性、资料性上彰显时代脉络和地方特色，有艰辛劳苦蕴含在字里行间，其功不可没。

“老码头赶上了新发展，千帆竞发写新篇”。习近平新时代中国特色社会主义思想为窑湾镇全镇干群指明了前进方向。新时代的冲锋号已经吹响，窑湾人民正为全面建设和谐窑湾、美丽窑湾、幸福窑湾的事业而踔厉奋发，砥砺前行。愿《窑湾镇志》给古镇以寄托，给人们以鼓舞，愿家乡窑湾更加繁荣、富庶！

陈广德

2022年12月

江苏名镇名村志编纂委员会

《江苏名镇·窑湾镇志》编纂委员会

主　任　张　军

副主任　苏衍超

顾　问　邓　亮

委　员　孟凡歌　何会军　方梓健　侯立志　韦　杰　骆伟伟
于振阳　周海涛　陈昶燕　柳秀芬　潘柏宇　苏永猛
王振宇　孙佳新　段彩鹏

《江苏名镇·窑湾镇志》编纂人员

主　　　编　戚玉成

副　主　编　秦群泰　居成凯　张维坤

责任校对　孙　莉　袁　辉　裴秋丽

图片视频整理　仲秀梅　魏　洁　吴梦梦　晏　雪

终审单位　徐州市史志办公室

终审人员　臧秀娟　刘扣林　傅　强

验收单位　江苏名镇名村志编纂委员会办公室

验收人员　徐彩霞　孙士军　陈其弟

批准出版单位　江苏名镇名村志编纂委员会

凡例

一、以马克思列宁主义、毛泽东思想、邓小平理论、“三个代表”重要思想、科学发展观、习近平新时代中国特色社会主义思想为指导，坚持辩证唯物主义和历史唯物主义，客观记述镇村发展的历史与现状，发挥名镇名村志记录历史、传承文化、服务乡村振兴、激发爱国爱乡情怀的独特作用。

二、记述上限溯及事物发端，下限至2021年12月，大事记下延至2022年12月31日。记述内容详今明古，侧重反映时代特色和地方特点，体现名镇的“名”与“特”。

三、记述地域范围以下限年份所辖行政区域范围为主。

四、人物部类遵循“生不立传”原则，记载已故人物。人物简介以收录文化道德名人为主。名人履痕收录有影响的客籍人物在本地的活动片段。烈士传略、英烈表列入《红色窑湾》篇章，不再录入人物部类。

五、计量单位和数字的使用，执行国家新闻出版有关规定。原则上使用法定计量单位，“亩”等仍按社会习惯沿用旧制，不作换算。个别古代计量单位加注说明。

六、清及以前的纪年使用朝代年号纪年，括注公元纪年，1912年1月1日起使用公元纪年。

七、数据以国家统计部门的发布为准。统计部门未提供的，以相关部门提供的数据为准。

八、文中所述的“解放前（后）”，以当地解放日为界。“中华人民共和国成立前（后）”，以1949年10月1日为界，不用“解放前（后）”表述。文中未注明世纪的年代，均为20世纪的年代。

九、正文的相关位置设有“二维码”，可扫码进行拓展阅读。

窑湾镇行政区划图

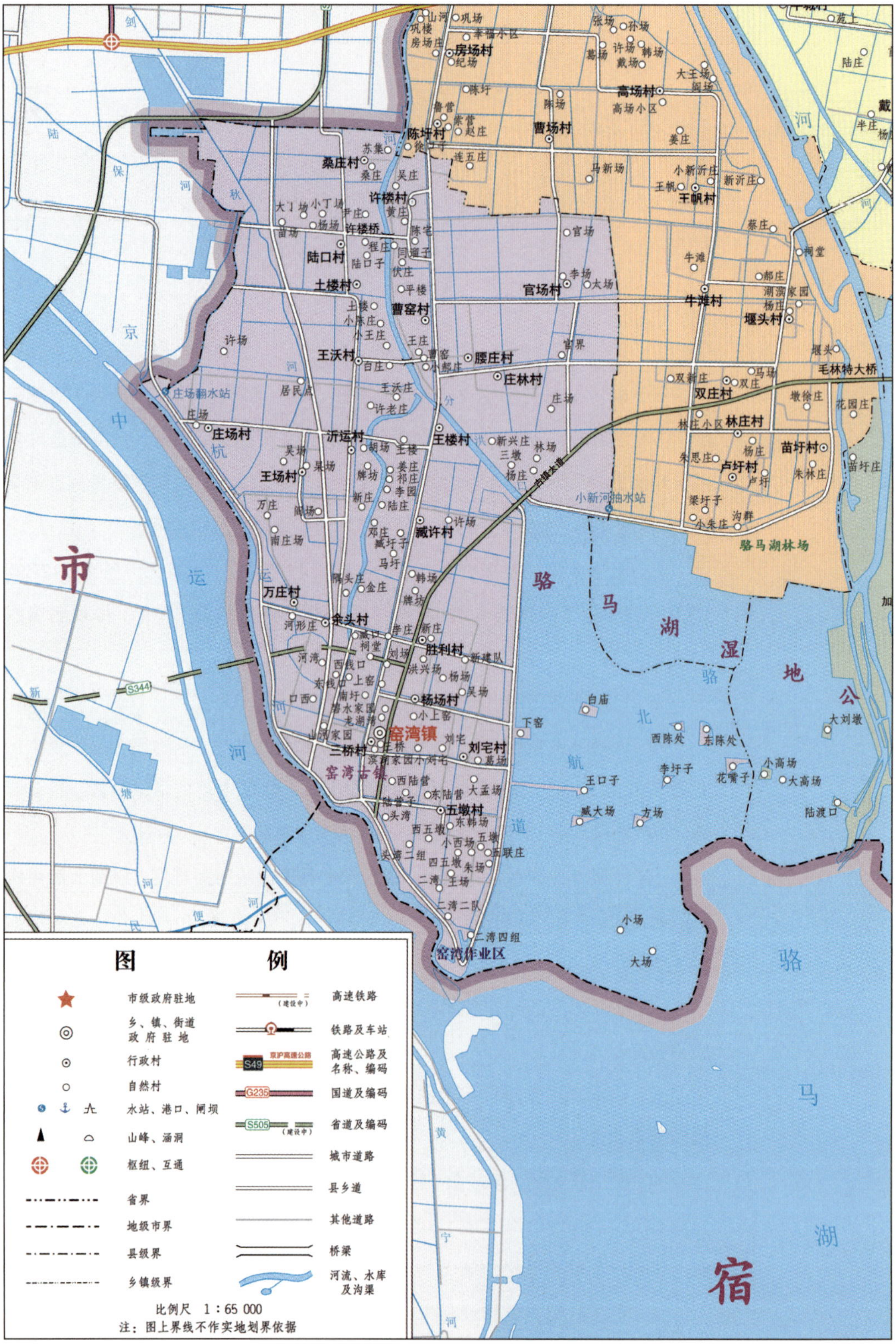

审图号：苏C（2021）06号　　2021年10月

窑湾古镇景区游览图

窑湾古镇景区游览图
游客中心
景区出入口
北门锁钥
北门码头
芳武路
玄庙路
玄庙观
后山河码头
北门商业街
民俗文化商业街
西门码头
西水门桥
三官别院码头
山西会馆
月牙桥
西城门
景区出入口
天主教堂
界牌楼
宝丰萃典当
西大街
船菜馆码头
龙舟桥
赵信隆酱园店
吴家大院
中心炮楼
龙舟驿客栈
龙舟驿码头
戒赌桥
元升典当（东当典）
窑湾味道（美食街）
蒋家大院
江西会馆
苏镇扬会馆
中宁街
南哨楼
景区出入口
戒色桥
后河南门码头
戒烟桥
运河窑湾码头
生态湿地区
运河街
历史大文化区
京杭大运河
护城河
医疗服务 Medical service
游客中心 Tourist center
教堂 Church
银行 Bank
景点 Scenic area
导游服务 Guide service
停车场 Parking
旅馆 Hotel
景区出入口 Entrance and exit
邮政 Post office
公共汽车站 Bus stop
游览路线 Tour route
游船游览路线 Cruise route
卫生间 Toilet
票务服务 Ticket office
道观 Taoist church
游船码头 Travel terminal
餐饮 Restaurant
游客休息 Tourists rest point
购物中心 Shopping area
会议室 Conference room
行李寄存 Left luggage
水上游船：0516-88556008
窑湾船菜：0516-88555650
窑湾客栈：0516-88668788
观光车：0516-88554002
客服热线：0516-88554002
团队专线：13805229837

荣誉榜

◎ 全国文明镇
◎ 国家级生态乡镇
◎ 中国历史文化名镇
◎ 国家级文物保护单位
◎ 全国特色景观旅游名镇
◎ 中国十佳村镇慢游地
◎ 中国最具魅力乡村旅游目的地
◎ 国家AAAA级旅游景区

◎ 大运河国家文化公园（窑湾）核心展示园
◎ 大运河城市文旅消费十佳示范名镇
◎ 大运河文化带魅力小镇
◎ 江苏省文明乡镇
◎ 江苏省第六批历史文化名镇
◎ 江苏省卫生镇
◎ 江苏省生态文明建设示范乡镇
◎ 江苏省十佳历史文化小镇
◎ 江苏省华侨文化交流基地
◎ 江苏省特粮特经特色产业小镇
◎ 江苏省味稻小镇
◎ 江苏最美运河地标
◎ 江苏最美水地标——“水聚落”
◎ 江苏省运河文化风情小镇

目　录

窑湾古镇夜景　孙邦飞　摄

运河商都——窑湾

窑湾镇位于江苏省新沂市西南端，京杭大运河与骆马湖交汇处，距市区约35千米，全镇总面积115.99平方千米。2021年末，辖21个行政村和1个社区，总人口64156人。

历史人文古镇

窑湾从远古走来，人杰地灵，留下很多历史的印迹。

窑湾历史悠久，1万年以前区域内就有人类生存活动。镇域东10千米处，是著名的花厅古文化遗址。东周时期，窑湾属钟吾子爵封地“钟吾国”。唐朝武德元年（618）建镇，是苏北历史最早的建置镇之一。窑湾因所处河湾内有方圆20里的黑窑窑群而得名。

窑湾区位独特，三面环水，地处宿迁、邳州、睢宁之交，古有“东望于海，南瞰淮泗，西顾彭城，北瞻泰岱”和“鸡鸣三县”之描述，为兵家必争之地。东周时，吴国、楚国在此相争；楚汉相争，项羽在此屯兵，并征召窑湾窑工800人。北宋时金兵南下，宋军曾在窑湾设阵击败金兵，金军也曾屯兵骆马湖。南宋绍兴三十一年（1161），魏胜率三百忠义军获抗金大捷，被授为海州知州兼山东忠义军都统。岳飞、朱元璋、史可法、乾隆皇帝等历史名人也都曾在窑湾留下足迹。

明万历三十二年（1604），中运河开通后，窑湾迅速成为商业重镇，南北各方商贾云集窑湾，重视教育文化，逐渐形成底蕴深厚的文化传统，孕育后世参加鸦片战争的武举人臧纡青、抗击八国联军的震远将军马从凯、参与公车上书的举人陆文椿、新中国第一位进入联合国的资深新闻人赵立凡、著名儿童文学作家杲向真、诗人陈广德等一大批文武名人。

1928年10月，中国共产党在境域内闫溜村建立新沂地区第一个党支部。抗日战争时期，窑湾地区成为积极抗击日军的战场。中共地方武装力量和八路军、新四军紧密配合，开展反“扫荡”，作战数百次，给予日军沉重打击。1939年9月，陆口、尹庄伏击战，打死日军骑兵17名，缴获辎重车2辆，战马6匹，被誉为沂运平原上的“平型关大捷”。在抗日战争中，无数窑湾儿女，献出自己宝贵生命。

1948年11月，举世闻名的淮海战役首战窑湾，窑湾地方武装和民众全力支援中国人民解放军，全歼国民党第63军1.5万余人，击毙军长陈章，打响淮海战役第一枪，著名的十人桥故事，就发生在这次战斗中。

商帮文化之最

一个古镇上，同时存在八大会馆，这在大运河沿岸，是非常罕见的文化现象。

窑湾作为商贾重镇，是由大运河而兴。明万历三十二年（1604）中运河开通后，位于大运河与骆马湖交汇处的窑湾，商业价值得到巨大提升。窑湾迅速成为大运河主要码头、南北水运枢纽和苏北鲁南地区的货物集散中心。“日过桅帆千杆，夜泊舟船十里”，全国各地的货物依托窑湾码头实现南北流通，有的还远销南洋、日本等地，窑湾工商业迅速繁荣。在清初至民国的鼎盛时期，镇上设有邮局，还有钱庄、当铺、商铺、工厂、作坊等360余家，成为中运河上的商贸中心，有“黄金水道金三角”和“小上海”之称。

窑湾商业经济迅猛发展，为了增强竞争力，维护市场秩序，各省同乡商人，

古镇春日　　窑湾镇政府　供图

纷纷组建商帮，建立会馆。康熙年间，窑湾先后建立山西、福建、江西、安徽、河北、河南、山东、苏镇扬八大会馆，形成独特的商帮文化。明清时期，大运河沿岸的商业城镇不计其数，但同时建有八大会馆、形成鲜明商帮文化特色的，着实罕见。

窑湾古镇的商帮文化，以其包容性和统一性、凝聚力和向心力，融汇各种地域文化，促进窑湾经济与社会的和谐发展。各地商帮运用自己的经营优势，形成各自的经营体系，实现市场的商业分工，创造窑湾古镇的繁荣时代。各地商帮汇聚，将不同的地域文化带到窑湾，交流融汇，形成窑湾古镇独有的南北交

护城河　窑湾镇政府　供图

三晋别院　窑湾镇政府　供图

融大运河文化特色。

窑湾古镇的建筑风格丰富多彩，有北方、徽派、苏南、福建以及欧洲等各种建筑风格，是明清古建筑的博物馆。宗教显示出多元化特色，庙观众多，涵盖释、道、儒、天主教、清真教等。教育和文化艺术的融汇发展，优良的教育造就了窑湾人文荟萃，医药文化、歌妓文化和苏绣、木雕、园林、铁艺等各种工艺，带来了窑湾文化艺术的空前繁荣。民俗文化丰富多彩，子夜开张、凌晨罢市的夜猫子集市是窑湾独特的商业民俗景观。窑湾古镇特色食品的制作方法多由各地引入，口味独特，营养丰富，窑湾船菜、绿豆烧酒、甜油、糕点等至今仍是闻名遐迩的特色食品。

旅游特色小镇

运河百道湾，最美在窑湾。今天的窑湾，不仅是江苏省历史文化名镇，也被评为“全国特色景观旅游名镇”“中国最具魅力乡村旅游目的地”。

2008年9月，新沂市政府成立新沂骆马湖旅游发展有限公司，加强窑湾古镇和大运河、骆马湖区域的保护开发工作。骆马湖旅游发展有限公司和窑湾镇政府将彰显大运河文化特色作为保护开发的重要原则，全力打造文化旅游特色小镇，拉动区域经济发展。

2010年，《窑湾历史文化名镇保护规划》经江苏省政府批复开始实施，在对古镇存留813间明清古建筑进行修缮恢复的过程中，坚持传承建筑风格、尊重历史、修旧如旧的原则，保持古建筑的原有风格。如山西会馆庄重宏伟，苏镇扬会馆园林秀丽，吴家大院为福建明清建筑风格，天主教堂为典型欧洲哥特式建筑风格等，西大街和中宁街也最大程度上保留和恢复历史原貌。精心打造山西会馆、江西会馆、吴家大院、民俗史话馆、天主教教堂、赵信隆酱园店、典当博物馆、窑湾大清邮局等数十个历史文化景点和西大街、中宁街两条古商业街，集中展示窑湾的历史和商贸文化。对窑湾历史文化、军事文化进行深度景观发掘，开发淮海战役首战窑湾陈列馆等红色旅游景点，使古镇景观更为丰富。

千年大运河古镇窑湾春意盎然　崔勇　摄

景区成立专业演艺团，整理苏鲁琴书《打蛮船》、山西皮影戏、巡街打更、抛绣球、茶馆扬琴、水龙会等地域民俗特色演艺项目，形成常态化民俗文艺演出，随处可见的雕塑小品，再现历史文化的独特景观。举办各种文化活动，内容丰富、形式多样。开设水上旅游、休闲旅游和夜窑湾大型歌舞表演等旅游项目，提升窑湾古镇的景观质量。打造大运河风光带和骆马湖国家级湿地公园，让古镇深厚的文化底蕴和大运河、骆马湖美丽风光有机融合，成为新沂市靓丽的旅游名片。

传承弘扬传统食品制作工艺，精心包装和推广传统食品，窑湾绿豆烧成为国家地理标志产品，赵信隆酱园店是江苏省级文物保护单位，窑湾绿豆烧、窑湾甜油、桂花云片糕等都成为远近驰名的特色品牌，充分发掘窑湾船菜烹调技艺，形成响亮品牌。

景区品牌建设成效显著，知名度和影响力不断提高。先后获得江苏省历史文化名镇、最美运河十景、中国最具魅力乡村旅游目的地、全国特色景观旅游名镇、最佳人文古镇、徐州市服务业名牌、服务标准化示范景区、江苏省服务业名牌等称号。《窑湾古镇民俗文化旅游建设服务规范》被列为江苏省地方标准。2012年10月，被国家旅游局正式批复为AAAA级旅游景区。2021全年接待游客200万人次。

窑湾古镇旅游业的发展，有效拉动区域经济发展，实现景区和镇区环境同步提升。配套建设的古镇大道、环湖大道等交通基础设施，使区域交通和经济发展环境不断得到改善。旅游业的发展，带动酒店、饮食、购物等行业的发展，吸纳大量的窑湾居民就业，促进窑湾绿豆烧、窑湾甜油、桂花云片糕、骆马湖水产品等一大批地方特色产业和产品的发展。先后建设集聚绿豆烧酒、甜油、水产品等具有窑湾特色的旅游产品加工园，休闲观光农业和乡村旅游快速发展，骆马湖农产品加工集中区被评为“省级农产品集中加工区”，窑湾真正成为旅游特色小镇。

苏北鱼米之乡

昔日洪水走廊，今日鱼米之乡。

窑湾境域为沂河流域平原，四季分明，光照充裕，雨水充沛，自然条件十分适宜农作物生长。镇辖骆马湖、中运河水域6000多公顷，水质清澈，无污染，盛产四大家鱼、鳜鱼、青虾、银鱼、河蟹等，水产资源十分丰富。但窑湾地势低洼，素有“洪水走廊”之称，中华人民共和国成立前，十年九涝，史有“鱼游进村，船行树梢，农家无鸡啼，白骨露原野”之记载。中华人民共和国成立后实施治水工程，修筑运河防洪大堤和骆马湖水库，水灾得到有效控制。20世纪60年代开始，进行大规模农田水利建设，有效保证农业稳定高产。1982年以后，推进农村体制改革，农、林、牧、副、渔各业全面发展，建成水产品养殖、无公害水稻、林业生产、有机食品四大产业基地。2021年，全镇水面养殖2.3万亩，渔业总产值4.68亿元，人均渔业纯收入5200元，是江苏省高效渔业示范镇。无公害稻米2000多公顷，高标准农田林网4000公顷，小径林667公顷，有机蔬菜1333公顷，昔日的“洪水走廊”已成为苏北“鱼米之乡”。农业、工业、旅游业全面发展，推动各项社会事业的发展和人民生活水平的不断提高。2021年，完成地区生产总值25.15亿元，实现财政总收入1.74亿元，一般公共预算收入9426万元，固定资产投资13.36亿元，村级集体总收入1753.39万元，农村居民人均纯收入19836元，群众生活质量和社会文明水平显著提高。窑湾镇于2015年首次获评第四届全国文明镇荣誉称号，并于2017年11月、2020年11月续评为全国文明镇，为新沂地区唯一一个全国文明镇。2021年获评“长三角最佳悠享旅游小镇（村）”“江苏省文明镇”。文化活动中心“窑湾印象”获评2021年度江苏省“最美公共文化空间”。

大运河国家文化公园（窑湾）核心展示园　马绪东　摄

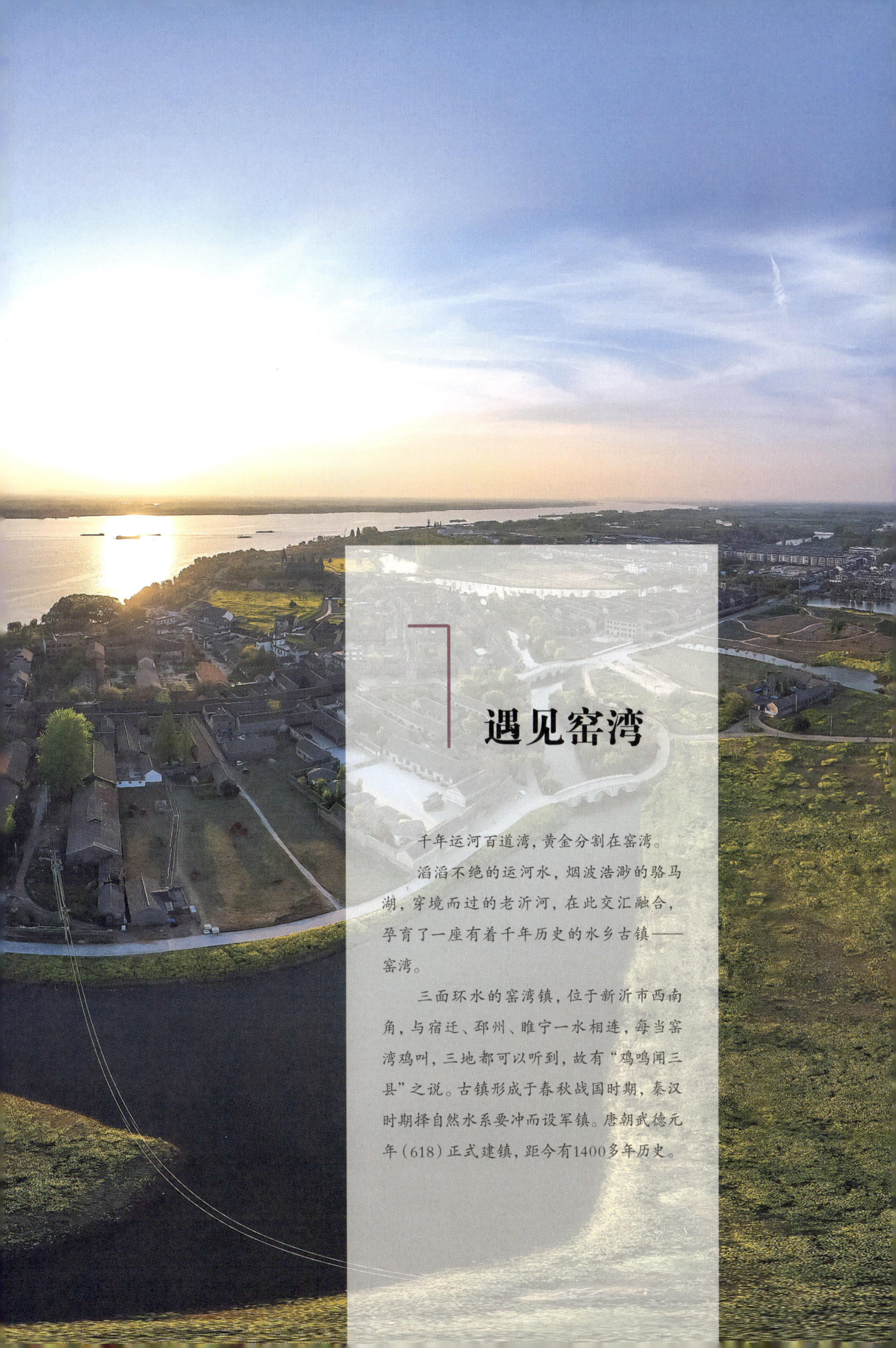

遇见窑湾

千年运河百道湾，黄金分割在窑湾。

滔滔不绝的运河水，烟波浩渺的骆马湖，穿境而过的老沂河，在此交汇融合，孕育了一座有着千年历史的水乡古镇——窑湾。

三面环水的窑湾镇，位于新沂市西南角，与宿迁、邳州、睢宁一水相连，每当窑湾鸡叫，三地都可以听到，故有“鸡鸣闻三县”之说。古镇形成于春秋战国时期，秦汉时期择自然水系要冲而设军镇。唐朝武德元年（618）正式建镇，距今有1400多年历史。

窑湾古镇，依水而生、因水而兴。京杭大运河苏北段称为“中运河”，俗称“运粮河”。清康熙年间的《宿迁县志》记载，新沂到宿迁这一段原来没有运河，也无中河，进出水路主要是黄（泗）河、沂、沭河及其他的一些小河。明万历三十二年（1604），工部右侍郎、总理河道李化龙奉旨征集民工开凿泇河（窑湾以上谓之泇河，窑湾以下谓之皂河），避借黄行漕之险，至此窑湾与运河有了联系。清康熙年间，河道总督靳辅又开中河，以人工运河取代骆马湖至淮阴间的黄河故道。窑湾位于泇运河与骆马湖的连接处，上承泇河，下启中河，遂代替徐州漕运的中枢地位。

“东望于海，西顾彭城，南瞰淮泗，北瞻泰岱”的地理优势，奠定了窑湾在“以水运为命脉”的古代交通史上的地位，成为南北水运枢纽和苏北鲁南地区物品集散中心。到明末清初时达到漕运和盐运的鼎盛期，有八省会馆，有十省和五国代办处，商贾云集窑湾，“黄金水道金三角”和“小上海”的雅称佐证着古镇的繁华。时光流转，历史更迭。“运河商都”的传奇，凝固在时间的长河中，储存在古民居、古街道、古店铺、古码头、古遗存的建筑空间里，运河故事、古镇过往也以不同的样貌、不同的形式附着在文化、宗教、饮食、民俗之中，投射出独树一帜的城河共生的聚落文化、物流天下的商贸文化、南北漕运的船工文化、多元交融的地域文化现象，等待着人们去发现。

进入新世纪，历史再一次垂青窑湾。作为苏北地区保存最为完好的运河古镇，“两汉文化看徐州、明清古镇看窑湾”“大运河第一古镇”的亮丽名片，让窑湾成为大运河文化带最具有代表性的历史地段和重要节点，被列为《大运河国家文化公园（江苏段）建设规划》核心展示园之一。

历史沿革

镇名由来

窑湾旧有“先有隅头，后有窑湾”之说。唐初设隅头镇，清康熙七年（1668），发生山东郯城大地震，隅头镇被毁，镇址迁至隅头南2千米处的窑湾。窑湾地名，溯源于当地居民在镇南运河拐弯处，取土筑窑烧砖制皿，窑群绵延20余里。过往船只多在此停泊休息，补充给养，船家问“何处弯船”，岸上的百姓就答“窑上弯”，窑湾由此得名。窑湾上下游还有头湾、二湾、三湾和上窑、下窑、六座窑等村名。

建置沿革

唐朝武德元年（618），设隅头镇，隶属宿豫县（唐代宗李豫嗣位后，为避其名讳改称宿迁县），归徐州辖。五代时，属徐州武宁军。北宋太平兴国七年（982），属京东路淮阳军。赵宋王朝南渡后，属山东西路邳州。元至元十二年（1275），属淮安府。至元十五年（1278），属邳州。明代，属淮安府。清代顺治元年至雍正二年（1644—1724），属淮安府邳州。雍正二年至十一年（1724—1733），属邳州。雍正十一年至宣统三年（1733—1911），属徐州府。清宣统三年（1911）至1927年，属徐海道。1927—1938年，归淮阴行政督察区管辖。1939—1945年，归徐州管辖。1940年9月，中国共产党在沭阳、宿迁、东海县边区建立沭宿海办事处，辖窑湾。1943年，中共成立抗日民主政权宿北县政府，境地为宿北县辖。1945年，成立窑湾市，同年又改为窑湾区。1949年5月，新安县（即今新沂市）成立，运河区的中河、化里、协济、新利四个乡划归窑湾区。窑湾区属新安县，辖窑湾、土楼、王楼、窑北、庄林、沂运、运滨、墩湖、窑东、东宁、西临、化里、协济、永安、新利、中和16个乡镇。同年9月2日，又新增陆楼乡（从墨河区划出），共辖17个乡镇。1954年10月2日，区辖窑湾镇划出单独设立县属镇（区级）。1958年8月10日，国家建骆马湖蓄水库，区辖李圩乡除胜利村划归窑湾镇外，其余迁出到县域其他乡，撤销李圩乡建制。1958年12

月，窑湾镇与堰头乡合并，成立窑湾人民公社。1959年8月20日，窑湾公社所辖王楼、官场、庄林、臧圩、沂运、王场、许楼、平楼8个大队和炮车公社的陆口、土楼2个大队合并成立王楼人民公社。1983年9月，窑湾和王楼均撤销公社，实行乡建制。1987年2月，窑湾撤乡建镇。1999年12月28日，王楼撤乡建镇。2000年4月，撤销王楼镇行政区划，并入窑湾镇，镇政府驻三桥村。2001年11月，境域内进行区划调整，将原30个村合并为21个村，平楼并入曹窑村，陈宅并入许楼村，口西并入三桥村，钱口并入隅头村，官界并入官场村，杨庄并入腰庄村，二湾并入五墩村，马圩并入臧许村，丁场并入陆口村，王沃村、庄场村、王场村、沂运村、万庄村、胜利村、刘宅村、杨场村、王楼村、庄林村、桑庄村、土楼村区划不变，使用原村名。2021年底，窑湾镇辖21个行政村、1个社区。行政区域115.99平方千米，人口64156人。

村、社区

三桥村　镇政府驻地、窑湾古镇景区所在地。2021年，村域面积10.6平方千米，耕地面积1582亩，辖17个村民小组、1个社区，人口11042人（其中农业居民4367人，社区居民4589人）。集体总收入72.66万元，居民人均纯收入2.36万元。域内工商业、旅游业较为发达，民营企业21家，个体工商户、各种作坊等285户，是中国最美休闲乡村中的历史古村之一。

五墩村　位于镇区东南部，原名五里墩。2021年，村域面积9.66平方千米，耕地面积3506亩，人口4471人，辖19个村民小组，集体总收入51.77万元，农民人均纯收入2.04万元。水产养殖、加工为特色产业。

胜利村　位于镇政府东北部，由骆马湖蓄水库李圩村移民搬迁安置而成。2021年，村域面积8.8平方千米，耕地面积3657亩，辖16个村民小组，人口4092人，集体总收入83.32万元，农民人均纯收入1.87万元。域内民营企业3家，蔬菜种植为特色产业。

刘宅村　位于镇政府东部2.5千米处。2021年，村域面积9.83平方千米，耕地面积1705亩，人口2367人，辖12个村民小组，集体总收入18.92万元，农民人均纯收入1.87

万元。食品加工为特色产业。

杨场村　位于镇区东北部。2021年，村域面积8.93平方千米，耕地面积1782亩，人口2147人，辖11个村民小组，集体总收入53.49万元，农民人均纯收入2.11万元。水产养殖、运输为特色产业。

臧许村　位于镇区中部，由臧许村与马圩村合并而成。2021年，村域面积8.6平方千米，耕地面积4276亩，人口4304人，辖18个村民小组，集体总收入34.96万元，农民人均纯收入1.89万元。域内民营企业7家，多种经营为特色产业。

余头村　位于镇区中部。2021年，村域面积3.09平方千米，耕地面积2299亩，人口2971人，辖11个村民小组，集体总收入79.71万元，农民人均纯收入1.9万元。域内民营企业3家，多种经营为特色产业。

万庄村　位于镇区中部。2021年，村域面积3.14平方千米，耕地面积1926亩，人口1908人，辖7个村民小组，集体总收入48.54万元，农民人均纯收入1.98万元。水产养殖、运输为特色产业。

曹窑村　位于镇区北部。2021年，村域面积2.6平方千米，耕地面积2351亩，人口3443人，辖9个村民小组，集体总收入48.19万元，农民人均纯收入1.93万元。域内民营企业9家，多种经营为特色产业。

桑庄村　位于镇区北部。2021年，村域面积2.81平方千米，耕地面积2757亩，人口2045人，辖7个村民小组，集体总收入27.9万元，农民人均纯收入1.65万元。多种经营为特色产业。

沂运村　位于镇区北部。2021年，村域面积2.2平方千米，耕地面积1756亩，人口1648人，辖9个村民小组，集体总收入35.48万元，农民人均纯收入1.57万元。水产养殖、畜禽养殖为特色产业。

陆口村　位于镇区北部。2021年，村域面积6.19平方千米，耕地面积5541亩，人口3644人，辖14个村民小组，集体总收入41.22万元，农民人均纯收入1.57万元。多种经营为特色产业。

官场村　位于镇区北部。2021年，村域面积5.84平方千米，耕地面积5634亩，人口3150人，辖9个村民小组，集体总收入63.32万元，农民人均纯收入1.67万元。多种经营为特色产业。

腰庄村　位于镇区中北部。2021年，村域面积5.87平方千米，耕地面积2371亩，人口2361人，辖8个村民小组，集体总收入46.66万元，农民人均纯收入1.68万元。多种经营为特色产业。

王楼村　位于镇区中北部。2021年，村域面积3.86平方千米，耕地面积1912亩，人口2188人，辖11个村民小组，集体总收入29.83万元，农民人均纯收入1.56万元。多种经营为特色产业。

庄林村　位于镇区中东部。2021年，村域面积3.87平方千米，耕地面积3109亩，人口2663人，辖9个村民小组，集体总收入25.46万元，农民人均纯收入1.67万元。域内林业资源丰富，地下矿产资源黄砂含量10.5

三桥村　仲秀梅　摄

吨/平方米，稻田+综合种养为特色产业。

许楼村　位于镇区北部。2021年，村域面积4.36平方千米，耕地面积3702亩，人口3240人，辖14个村民小组，集体总收入81.14万元，农民人均纯收入1.78万元。域内民营企业3家，多种经营为特色产业。

庄场村　位于镇区中西部。2021年，村域面积4.58平方千米，耕地面积4344亩，人口1626人，辖7个村民小组，集体总收入70.79万元，农民人均纯收入1.8万元。域内民营企业2家，水产养殖、畜禽养殖为特色产业。

土楼村　位于镇区中北部。2021年，村域面积2.87平方千米，耕地面积2378亩，人口1894人，辖7个村民小组，集体总收入20.06万元，农民人均纯收入1.62万元。域内民营企业7家，多种经营为特色产业。

王沃村　位于镇区中部。2021年，村域面积3.4平方千米，耕地面积2213亩，人口2197人，辖8个村民小组，集体总收入23.21万元，农民人均纯收入1.76万元。域内民营企业7家，多种经营为特色产业。

王场村　位于镇区中部。2021年，村域面积4.97平方千米，耕地面积4478亩，人口2841人，辖14个村民小组，集体总收入55.92万元，农民人均纯收入1.76万元。域内民营企业2家，多种经营为特色产业。

窑湾社区　是窑湾镇政府驻地。1948年11月12日，境域内解放，古镇中宁街、西大街等主要街道设街长。1949年初，窑湾古镇区设界牌和中宁两个社区，每个社区设4个居民小组，总人口3000余人。1958年人民公社化后，界牌居委会和中宁居委会合并，成立窑湾公社居民委员会，设8个居民小组，总人口3000多人。至2010年，社区人口（城镇户口）已达7200余人。2010年9月，窑湾居民委员会与三桥村民委员会合并办公，一套班子，两块牌子。2021年底，社区人口4589人。

2021 年窑湾镇村（社区）基本情况统计表

表 1

村名社区	村域面积（平方千米）	户数（户）	人口（人）	集体经济总收入（万元）	可用财力（万元）	总资产（万元）
三桥村	10.6	1463	4367	72.66	60	1185
五墩村	9.66	1147	4471	51.77	19	140
胜利村	8.8	1094	4092	83.32	20	240
刘宅村	9.83	640	2367	18.92	30	460
杨场村	8.93	559	2147	53.49	18	98
臧许村	8.6	1212	4304	34.96	20	407.86
佘头村	3.09	798	2971	79.71	6	545
万庄村	3.14	489	1908	48.54	10	260
曹窑村	2.6	960	3443	48.19	30	332.60
桑庄村	2.81	524	2045	27.9	11	603.7
沂运村	2.2	471	1648	35.48	16	130.8
陆口村	6.19	961	3644	41.22	40	310
官场村	5.84	798	3150	63.32	121	263.3
腰庄村	5.87	607	2361	46.66	2	56
王楼村	3.86	619	2188	29.83	16.30	237.4
庄林村	3.87	640	2663	25.46	30	380.61
许楼村	4.36	867	3240	81.14	55	230
庄场村	4.58	434	1626	70.79	17.5	204.6
土楼村	2.87	500	1894	20.06	22.30	125.4
王沃村	3.4	610	2197	23.21	8	284.23
王场村	4.97	707	2841	55.92	22	110
窑湾社区	—	1595	4589	—	—	—

自然环境

窑湾镇位于新沂市西南端，京杭大运河与骆马湖交汇处，地处北纬34° 08′—34° 17′，东经118° 02′—118° 06′，距市区约35千米。东、南临骆马湖；西傍京杭大运河，与邳州、宿迁隔河湖相望；北与草桥镇和邳州市炮车镇接壤。全镇总面积115.99平方千米，辖区东西最大距离8.8千米，南北最大距离15.4千米。

地质地貌

窑湾镇属沂河冲积平原，地势低洼，河流、湖泊较多。平均海拔21.5米，最高海拔24米，最低海拔19米。境域内地面平坦低洼，土层深厚，土壤肥沃，适宜耕种和各种作物生长。土壤类型属黄潮土，成土母质是从废黄河、运河漫溢过来的黄沙沉积物，保水保肥能力较好。但历史上由于无水利设施，几乎每年汛期，境域内沂河堤均有决口，洪涝成灾，故有“洪水走廊”之称。

气候物候

气候　境域处北半球中纬度地带，属温带季风气候区，四季分明，雨热同季，光热资源丰富。春季干湿冷暖多变，夏季炎热雨水集中，秋季温和天高气爽，冬季寒冷雨雪稀少。气温：年平均气温15.7℃。最冷在1—2月份，平均气温在0℃左右，极端最低气温-21.8℃（1969年2月）。最热在7月份，平均气温26.7℃，极端最高气温40.1℃（1966年7月19日）。降水：年均降水量904.4毫米。冬季偏少，最多年份降水量1358.8毫米（1974年），最少年份降水量487.3毫米（1966年）。日照：全年平均总日照2100—2700小时，日照率57%。霜期：初霜日一般在10月下旬25日左右，终霜日一般到清明节止，初终霜间日数约165天，无霜期200天左右。

物候　窑湾人根据一些生物和植物的周期性现象，安排生产生活。1月，河、湖水面冻结，大雁迁徙。2月，河、湖水面开始消冻，腊梅开花，榆树萌芽。3月，迎春花开。4月，杏、桃、李、苹果、梨等果树先后开花，春耕播种。5月，枣树开花，樱桃上市。6月，布谷鸟鸣叫，夏收夏种。7月，蝉鸣，布谷鸟终鸣。8月，蟋蟀始鸣。9月，蝉逐渐绝迹。10月，秋收秋种，野草枯黄。大雁由北飞来。11月，落叶乔木落叶，昆虫绝迹。12月，土壤冻结，河、湖水面结冰。

植物动物矿藏

植物资源　境域植物资源丰富，树木类有柳、杨、桑、槐、榆、松、柏等150种；药材类有半夏、何首乌、车前草、茵陈、白芍等200余种；草类有芦、蒲、三方草、抓秧草、稗、白毛草等近百种；粮食作物有三麦、水稻、玉米、高粱等；油料作物有油菜、大豆、芝麻、花生等；果树类有杏、桃、梨、苹果、柿子、枣等。生长在骆马湖湿地的野菱菱科、莲睡莲科、浮叶慈姑泽泻科植物属于国家二级野生保护植物。

动物资源　境域动物资源分浮游动物、底栖动物、鱼类、两栖类、爬行类、鸟类和兽类7个门、300种。鸟类有14目40科158种，国家Ⅰ级保护鸟类2种，国家Ⅱ级保护鸟类16种，种类组成十分丰富，有麻雀、鹰、乌鸦、喜鹊、燕子、啄木鸟、猫头鹰、斑鸠、布谷鸟等。鱼类有10目17科58种，水生经济动物品种32种，其中鱼类25种，甲壳类3种，其他类4种。兽类有5目6科9种，以啮齿类和食虫类为主。人工饲养的畜兽类有：黄牛、水牛、波尔山羊、绵羊、三元杂交猪、苏太猪、驴、马、骡、兔、水貂、狐狸等；饲养的家禽有良种鸡、鸭、鹅、肉鸽、鹌鹑等；饲养的观赏鸟类

骆马湖湿地公园　窑湾镇政府　供图

古镇新貌　窑湾镇政府　供图

有画眉、鹦鹉、八哥、黄雀、孔雀等；饲养的鱼类有鲤、鲫、鲢、鳊、蟹、虾、鳖、泥鳅、黄鳝等。

矿产资源　境域主要矿产资源为建筑用黄砂。2016年后禁止开采。

自然灾害

境域内年际间受季风影响较大，经常出现春旱、夏涝、暴风、冰雹、寒流、虫灾、疫病等自然灾害，特别是水灾极为严重，有“洪水走廊”之称。曾是“大雨大灾，小雨小灾，无雨旱灾”的重灾区。由于地处沂河、运河交汇处，腹临骆马湖盆地，汛期来水，往往猝不及防，造成湖水漫溢横流，运河塌堤决口。据史料记载，自1368—1948年的580年间，窑湾一带遭受重大洪灾340多次。1914年，发大水，导致“鱼游进村，船行树梢。农家无鸡鸣，白骨露原野”。中华人民共和国成立后，加强防灾抗灾基础建设，自然灾害逐年减少，但在极端气候条件下，自然灾害仍时有发生。境域紧靠骆马湖和黄墩湖，水面宽阔，频发龙卷风灾害，历史上多次因龙卷风造成重大人员伤亡和财产损失。

人口

人口源流

窑湾历史发展中的移民特色显著。秦汉时期，一批先民择沂水而居。唐武德元年(618)建镇，陆续有人迁徙而入，从事渔业、农业及畜牧业生产。元朝，东海移民向窑湾迁移。明洪武五年(1372)，朱元璋下旨，从山西迁民300万人至徐淮地区，洪洞县老鸹窝人迁居至窑湾镇，以闫、丁、薛、窦、白、许、沈、王、刘姓为主。明末清初，苏州钱谦益家族、陆吴氏家族，扬州周家、陈家、肖家、吴家等家族隐居窑湾。清康熙七年(1668)，山东郯城发生大地震，康熙皇帝特赦天下政治犯，一批特殊移民被发放到窑湾。漕运鼎盛时期，天南地北富商和手工业者先后到窑湾，以臧、马、陆、窦姓氏为代表的四大家族和闫、丁、薛、许、郭、李、吴、孙、陈、沈、王、钱、晁13个家族支撑起窑湾经济的繁荣。康熙初年，窑湾发展成为大运河重要码头和商埠，人口不断增加。清末，窑湾集镇常住户3000多户，居民超过3万人，加上驻军和流动人口，总人口近4万人，超过当时的一般县城。1938年，受战争影响，90%的窑湾富商迁往江南，南京、苏州有窑湾街，上海周家渡有窑湾码头和窑湾街，佐证着此次人口迁徙事件。1958年至1959年9月，窑湾沿湖迁出1500余人，分别安置在炮车、瓦窑、墨河等乡。1961年，窑湾向新疆迁移人口3000多人，现在新疆有窑湾乡。

人口总量

2021年，窑湾镇总人口64156人(为2021年底统计人口数。2020年7月人口普查人数为65353人。比2020年人口普查人数减少1097人)。户数17695户，户均人口3.6人，其中城镇常住人口12628人，城镇化率19.6%，人口密度每平方千米450人。

性别　男性33469人，女性30687人

年龄　50岁以下38251人，50-60岁11770人，60-70岁6532人，70-80岁4398人，80-90岁2506人，90岁以上689人。

文化　小学3296人，初中41701人，高中8276人，大专以上9092人。

民族　全镇汉族人口64088人，有14个少数民族，67人。分别为回族3人，彝族6人，布依族24人，蒙古族2人，苗族12人，白族1人，羌族4人，畲族1人，土家族5人，瑶族3人，仡佬族1人，壮族3人，俄罗斯族1人，满族1人。

未识别民族人口1人，穿青人1人。

境域历次全国人口普查统计表

表2

次数	时间	窑湾			王楼			备注
		总人口	男	女	总人口	男	女	
一	1953	19870						窑湾区
二	1964.7.1	24983	13511	11472	22027	12098	9929	窑湾公社
三	1982.7.1	27809	14578	13231	23078	11908	11170	窑湾 9082 户 王楼 9018 户
四	1990.7.1	29839	15018	14821	33737	16019	17718	窑湾 9398 户 王楼 9098 户
五	2000.7.1	63535	32098	31437				2000 年 4 月 7 日窑湾、王楼合并，全镇总户数 25646 户
六	2010.7.1	65718	33212	32506				
七	2020.7.1	65353	33025	32328				

经济发展

明清时期和民国初期是运河航运的兴盛时期，当时的窑湾舟车鳞集，贸易兴旺，大批商船往来频繁，逐渐形成南北物资交流中心。清咸丰《邳州志》卷三称：“窑湾集，毗连宿迁，漕艘停泊重地”。民国《邳志补》卷五记载窑湾繁荣时的盛况：“窑湾，邳宿错壤，绾毂津要，一巨镇也。昔者，漕艘停泊，帆樯林立，通阛带阓，百货殷赈。奉使过客之往来，或舟，或车，胥宿顿焉。繁富甲两邑，大腹贾，辇金而腰玉，倚市之女，弹筝跕屣，有扬镇余风。”

1937年，抗日战争全面爆发。受战火影响，富商的外徙，铁路交通的兴起，窑湾古镇水运地位和经济影响日渐式微。中华人民共和国成立后，窑湾工商业逐渐得到恢复，特别是随着大运河文化价值逐渐被挖掘，窑湾古镇步入全面复兴的“快车道”。2021年，窑湾实现地区生产总值25.15亿元，全镇完成财政收入1.74亿元，一般公共预算收入9426万元，完成固定资产投资13.36亿元。实现规上工业总产值6.01亿元，规上服务业收入4.81亿元，限额以上批发、零售、住宿、餐饮业收入14.35亿元。

农业

窑湾区域历史上是以种植粮油作物为主的杂粮产区，主要农作物有小麦、玉米、高粱、山芋、大豆、花生等。1949年前，农业处于土地贫瘠、耕作粗陋、水旱为患、广种薄收的状态，但三面环水，水产资源丰富。中华人民共和国成立后，进行农田改造建设，改善生产条件，推广农业机械化、水利化，实施“旱改水”种植水稻，使农业生产得以发展。1978年中共十一届三中全会后，农村实行家庭联产承包责任制，调动了农民的生产积极性，解放了农村生产力，农业发展步伐加快，农林牧副各业生产水平不断提高。窑湾传统农业以粮食生产和水产养殖为主，兼以蔬菜种植、畜禽饲养。1985年，窑湾水产养殖场被江苏省人民政府授予嘉奖令。20世纪90年代起，传统农业向特色农业、现代农业转变，逐步实现农、工、贸一体化，建成水产品养殖、食味稻米、鲜食蔬菜、精品苗木四大产

水产养殖　刘继侠　摄

业基地。2008年1月，骆马湖特种水产养殖公司被授予“农业部水产健康养殖示范场”称号。2008年1月，窑湾镇被江苏省海洋与渔业局认定为“江苏省高效渔业示范镇”。2009年12月，窑湾镇骆马湖水产协会被授予“全国科普惠农兴村先进单位”。2014年1月，新沂市骆马湖农产品加工集中区被评为省级农产品加工集中区。

2021年，全镇建成“稻田+”综合种养示范基地5000亩，优质食味稻米3000亩，获评省级“味稻小镇”。鲜食毛豆种植面积3万亩，建成千吨鲜食毛豆冷库2家，窑湾毛豆获国家A级绿色认证，入选绿色优质农产品基地，获评省级毛豆特色小镇。水产养殖

面积2.3万亩，年水产品流出量3.1万吨，年加工量9000万吨。精品苗木3000亩，年产5万株和5万盆容器造型的汇农天下园林苗木产业科技示范园，入选全国苗圃50强。全镇共建成375家家庭农场、79家专业合作社，其中省级示范家庭农场3家、省级示范合作社3家。农民专业合作社入股农民458户。全镇农产品加工企业57家，规模以上农产品加工企业2家，省级农业产业化龙头企业1家，徐州市农业产业化龙头企业12家。全镇花木种植面积830亩，设施瓜菜560亩，蔬菜大棚110个，粮食总产量0.11万吨。全镇有大型养猪场2家，年出栏育肥猪在3万头以上。全镇仔猪存栏2万头，肥猪存栏3万头，种公猪35头，能繁母猪1200头。有家禽饲养场28个，家禽存栏量30万只，兔3.5万只，蛋鸡、鸭存栏18万羽，肉鸡鸭年出栏15万羽。全镇牧业产值2亿元。全镇成片林面积1.5万亩，农田林网6万亩，四旁植树40万棵。年参与市场流通材积有1200立方米。全镇有大型农机具136台，农业综合机械化水平82%。大中型运输车126台，农用三轮车43台、拖拉机42台，收割机55台。

工业

窑湾工业发展历史悠久，清康熙年间苏州王姓商人在窑湾开设万茂酒坊，此外还有酱园和大量手工作坊。清末民初有镇江人在窑湾兴办的鸡蛋加工厂，工人300人；蔡明斋创办的蔡和兴印刷厂，还有造船厂和许多工坊等。从事手工业的铁工、木工、制鞋工、制帽工、织布工、织袜工、印染工、印刷工、制药工、烟丝工等从业人员6500余人。中华人民共和国成立后，陆续办起铁木业社，生产农具、家具。1958年后，先后兴办砖瓦厂、石灰厂、炼铁厂、砂轮厂、石棉厂、水泥制品厂。20世纪80年代初，先后办起粮油加工厂、食品加工厂、砖厂、纸箱厂、织布厂、渔网厂、地毯厂、农具厂、毛巾厂，还有新沂县属企业新沂县针织厂、新沂县制线厂等。这些工业企业在一定程度上带动窑湾区域经济的发展。90年代后期，这些企业经过改制，转变了所有制形式和经营方式。

2021年，窑湾镇有工业企业51家，规模以上工业11家，职工数2080人，工业生产总值12.02亿元。全镇形成以水上运输、船舶制造、地毯加工、水产品加工、副食品制作、建材生产、粮油加工、精密工业生产器材制作等8个行业为主体的多门类的工业结构。造船企业有新沂市船舶修造厂等2家，建筑材料企业有伏猛水泥制品厂、新沂市恒泰建材有限公司等2家，光伏产品有江苏恒轩太阳能有限公司，电子产品加工业有新沂金恒电子等6家。粮油加工业有窑湾粮库、王楼粮库、昭容米厂等3家。水产品加工业有新沂市骆马湖水产品科技有限公司、新沂市猛达水产食品有限公司等6家，主要加工龙虾、龙虾仁、青虾、青虾仁、田螺肉。产品销往南京、上海、苏州、无锡等地。酿酒业有窑湾万昌绿豆烧酒厂、窑湾华棠绿豆烧酒厂、窑湾公盛涌绿豆烧酒厂等6家。甜油生产厂家有窑湾达盛昌甜油厂、赵信隆酱园店、徐州香满冠甜油有限公司、张永祥甜油厂等9家。

商贸　金融　旅游

商贸　窑湾古镇位于大运河南北交点，扼南北水路之要津，是大运河的“黄金拐点”，明万历年间大运河通过窑湾后，窑湾迅速发展成为大运河上的商业重镇，商贾云集，店铺林立，从商人数约3000人，成为闻名遐迩的商埠重镇。清末民初，全镇有店铺、行栈、作坊365家，建有八大会馆，有“小上海”之美誉。抗日战争爆发后，窑湾商业逐渐萧条，但仍是周边地区的商贸中心。中华人民共和国成立后，逐步形成以国营商业为主导，供销合作社及联营商业、个体商业多种经营形式和经济成分并存的商业网络体系。改革开放后，商贸业日趋兴旺。进入21世纪，私营、股份制商业企业不断做大做强。全国性华联、万客隆连锁超市落户集镇、乡村，形成“大市场、大贸易、大流通”格局。2008年，加大对窑湾古镇的保护开发力度后，富有运河文化魅力的商业发展再度辉煌。

窑湾商业以土特产销售、水产销售和餐饮服务最具特色，窑湾绿豆烧、窑湾甜油、桂花云片糕等土特产品名闻遐迩，为游客旅游购物首选，以窑湾船菜为代表的窑湾烹调，风味独特，包容性强，南北皆宜。窑湾船菜馆、运河商都大酒店、金水湾大酒店各具特色，各种小吃更为游客喜爱。窑湾古镇商业街是历史文化街区，特色商品丰富多样，是远近闻名的旅游购物景点。

全镇有窑湾、王楼两个大型集市，还有小型集市20余个。

窑湾集市是全国少有的早集，俗称“夜猫集”，已有300年历史，一直延续至今。大约从凌晨一点多钟开始摆摊上市，整个集市灯光闪亮，宛如白昼一般，至天亮集市散去。

王楼集市设在曹窑村。集市平日为常市集，阳历每旬逢五、十为大集日，大集日上市商品齐全，人流量可达万人，成交额上百万元。农历二月初五为王楼古会，人流量5~10万人，成交额数百万元。可能由于节气交替的原因，王楼古会日，常有天气变化，俗有“王楼会犯天星，不下雨就刮风”之说。

2021年，全镇社会消费品零售总额8.7亿元，城乡集市贸易成交额11.6亿元。出口总额609万美元，出口产品主要有冷冻银鱼、青虾、鱼丸和绿豆烧酒，销往韩国、日本、东南亚等6个国家和地区。

金融　清代至民国，窑湾境域内钱庄当典较多。抗战前夕，窑湾共有十三家钱庄和宝丰萃、元升两家当典。1933年后，先后有国民银行、江苏省农民银行、交通银行在宿迁设立分行，业务延至窑湾。中华人民共和国成立后，银行机构相继在窑湾设立基层金融机构或经营网点。2021年，窑湾有银行机构4家，经营网点4个，各保险公司营销服务部（点）5个，金融机构各类存款余额9.59亿元，各类贷款余额4.06亿元。

旅游　窑湾古镇，历史文化底蕴深厚，旅游资源丰富。2008年，新沂市成立骆马湖旅游发展有限公司，负责窑湾古镇、大运河、骆马湖的保护管理和旅游开发。2012年10月，窑湾古镇被国家旅游局批复为国家AAAA级旅游景区。窑湾古镇全面融入国家大运河文化带建设战略，推进大运河国家文化公园窑湾核心展示园建设，重现水乡风情的历史文化特色街区，构筑“没有围墙的历史博物馆”，展示生动多彩的运河文化风貌，叫响“两汉文化看徐州、明清古镇看窑湾”和“大运河第一古镇”旅游品牌。先后获得“全国特色景观旅游名镇”“江苏省历史文化名镇”等称号20余项。2021年，游客接待量190万人次，旅游总收入1890万元。

社会事业

教育

明清时期，窑湾人重视子弟培养，私塾和学校较多，最多时全镇有私塾34所。清代和民国时期出现臧纡青、陆文椿等一大批文化人士。1926年，窑湾几位大学毕业生有志于振兴窑湾教育，筹办“志成中学”（即“众志成城”之意）。学校负责人陆冰庵毕业于北京大学哲学系，第二年因军阀强占学校，被迫停办。1932年，窑湾共有四所小学。1940年，境域内仍有私塾（包括原王楼）38所。1947年秋，窑湾一些知识分子和乡绅筹办私立窑湾初级中学，招收学生120多人，由于时局动乱，只维持半年多就被迫停办。徐州境域内私塾名师8人，窑湾占有4人。徐州市私塾名师窑湾人王廷珍，曾教出翰林弟子一人。

窑湾中学　仲秀梅　摄

中华人民共和国成立后，党和政府重视教育，境域内各村相继建立小学。逐渐形成比较完备的教育体系。1952年，建窑湾中学，有四个班，教职工21人，在校学生240人。1960年，建王楼初级中学，共2个班。1973年，增设一个高中班。同年，部分小学附设初中班。1974年，窑湾公社建中心幼儿园。1978年，窑湾中学增设2个高中班，各大队有初中班。1980年后，各村兴办幼儿班。1981年，窑湾中学高中班，各小学初中班撤销，建胜利等联办中学（2009年撤销）。1981年，王楼中学成为一乡三镇高中教育中心，设15个班，学生810名。

1985年后，窑湾区域内幼教事业逐步发展壮大，设施逐渐完备，师资力量不断加强。

2021年末，窑湾镇教育资源主要为窑湾中学、王楼中学、窑湾镇的小学和幼儿园。窑湾镇中心小学下辖5所小学，分别是胜利小学、王楼小学、王场小学、庄林小学、陆口小学，同时管理2所公办幼儿园及6所民办幼儿园。在校学生共计7884名，教师392名。其中：幼儿园学生1338名，小学生3951名，教师231名；初中生2595名，教师161名。中小学全部通过省级义务教育现代验收，小升初升学率、九年义务教育覆盖率均100%。

卫生

窑湾古镇医药为传统经营产业，清末民初古镇内有多家药铺、诊所，多有名医坐诊。另有一家西医诊所。1952年，境域内几家私人诊所合并成立窑湾联合诊所。1958年，改名为窑湾卫生所。1959年，设立王楼公社卫生所。20世纪60年代末，各大队设立卫生保健室（村卫生室），由镇卫生院领导管理。1982年，卫生所更名为卫生院。此后，乡镇卫生院和村卫生室的设施不断完善，医务人员不断增加，医疗水平不断提高。至2006年，初步形成健全的镇级医疗预防保健网络，保证人民群众基本医疗卫生需求。

2021年，全镇有2所卫生院，均为一级甲等医院，分别为窑湾镇卫生院、窑湾镇中心卫生院。有21个村级卫生室，均为甲等卫生室。窑湾镇卫生院有病床20张，专业卫生人员40人，其中执业医师9人，执业助理医师7人，注册护士24人。入院手术50人次，出院病人774次。窑湾镇中心卫生院病床60张，专业卫生人员82人，其中执业医师17人，执业助理医师6人，注册护士31人。入院手术32人次，出院病人1011人次。农村安全饮用水普及率100%，农村卫生厕所普及率100%，新型农村合作医疗参保率98%。

文化

窑湾文化底蕴深厚，历史上民间文艺形式多样，内容丰富，有舞狮、旱船、高跷等一些传统形式。1930年后，一些进步人士编排一些反封建文明戏、拉魂腔等在春节时演出，可延续数十日。还有民间艺人，在街市演出大鼓、说评等，颇受群众欢迎。

窑湾镇新时代文明实践所——阅览室　仲秀梅　摄

1953年，窑湾镇建文化站，成立业余柳琴剧团，剧团成员最多时达40人，晚上到各村和乡镇演出。演出的节目有《梁山伯与祝英台》《小二黑结婚》《李二嫂改嫁》《小姑贤》《婆媳情》等。1962年，剧团解散，各村办业余剧团，开展文化娱乐活动。1972年，王楼建文化站。先后举办两届文艺汇演，活跃农村文化。1983年后，镇域内倡导群众文化大家办，形成文化网络，经常举办文艺会演，排演各种戏剧和文艺节目，进行巡回演出，春节期间进行高跷、旱船、舞狮子等传统表演，群众文化生活丰富多彩。

1978年，窑湾镇和王楼乡镇成立流动电影放映队，各村轮流放映。窑湾镇和王楼乡分别于1980年和1979年修建露天电影院，座位均为1000多个，农村电影市场火热。

1958年，窑湾建立公社级广播站。1980年，二湾、三桥、万庄村的致富户率先购置黑白电视机，每晚周围的群众也来观看。1986年以后，电视机普及，电影上座率日渐下降。20世纪90年代以后，电影院采取复映场次，下村为村民建房、结婚寿庆包场放映。1991年，窑湾区域有电视户占总户数的95%。1995年，窑湾镇政府投资60万元建成电视广播接收站。1996年底，镇广播电视站大楼落成，广播站在转播市台节目的同时，还自办节目播出。2000年，实施有线电视“村村通”工程，窑湾有线电视村通率100%。有线电视用户8750户，有线电视覆盖率100%。

2010年以后，窑湾镇文化设施逐步配套完善，公共服务设施齐全。至2021年，有新时代文明实践所1个，新时代文明实践站21个。镇综合文化服务中心，设阅览室、活动室、书画室等活动场所。全镇有镇区广场3个，幸福小广场21个，农家书屋22个，青少年活动中心1个，中老年娱乐房22个；有文化艺术团体9个，会员220人。

窑湾镇夕阳红艺术团成立于2012年，有文艺骨干20人，艺术团编排群众喜闻乐见的小品、柳琴戏、快板、舞蹈及民俗节目，宣传党和国家政策及先进典型人物，普及法律法规及农业技术知识。编排反映农村风土人情、具有浓郁地方特色的花车、旱船、舞龙、舞狮等民间文艺节目，每年到村组、景区、敬老院，演出100多场，多次在新沂市小戏小品会演中获得好成绩。

体育

窑湾境域内有开展群众性体育活动的传统，民间广泛流传武术、舞狮、耍龙、踩高跷、踢毽、跳绳、拔河、摔跤、游泳等体育活动。20世纪30年代，窑湾境域内兴建“五四”体育场，经常举办由邳、宿、睢、铜、沭等五县民众和驻军官兵参加的田径运动会。中华人民共和国成立后，政府重视发展体育事业，体育设施逐年增多。至2021年，窑湾镇所有村（社区）均安装健身器材，全镇有体育健身场所32个，田径场9个，水泥篮球场29个，排球场10个，乒乓球室38个，经常参加体育活动的人员占常住人口的45%。

窑湾镇经常开展群众性文化体育活动，从2010年开始，每年举办“迎春杯”象棋比赛。每年举行群众体育联谊赛，分跳绳、踢毽子和男子篮球等比赛项目。

各中小学注重开展体育达标活动。1984年，窑湾中心小学、王楼中心小学被命名为“徐州市体育传统校”。2014年，全镇各校体育达标率100%。2017年，优秀率61%。

人民生活

居民收入

1949年前，窑湾绝大多数农民以土地种植（包括租种）、做长短工、捕捞、经营小本生意为收入来源，生活贫困，只有商人、地主等少数人生活较优裕。1950年，实行土地改革，农民分得土地，生活有所改善。居民收入仍以土地种植收益为主，沿河湖地区有部分水产捕捞收入。

中共十一届三中全会后，农民生活水平提高很快，1979年，全社人均收入1157元。1995年，全镇人均收入2952元。20世纪90年代以后，农业科技水平不断提高，多种经营和农村工商业不断发展，农业剩余劳动力外出务工，农民收入渠道不断拓宽，农民收入水平不断提高，至21世纪初，窑湾地区居民生活已达到小康水平。2021年，窑湾镇城镇居民人均可支配收入2.1万元，农民人均纯收入17920元，以劳务输出、经商务农为主的收入占57%，家庭经营净收入占22%，财产性净收入和转移性净收入占21%。

居民消费

随着收入水平的提高，窑湾镇居民的消费构成也发生巨大变化。食品消费由以粮食为主型向营养丰富型转化，粮食消费下降，副食消费上升。穿着由低档、单一实用化向高档、新颖、多样化转变。耐用消费品由“实用型”向“美观型”“享受型”转变。20世纪80年代，时兴大衣柜、五斗橱、高低柜等成套家具。90年代，流行组合家具。80年代，流行的“三大件”是手表、自行车和缝纫机；90年代是冰箱、洗衣机和彩色电视机；进入21世纪，移动电话、电脑、汽车新“三大件”进入寻常百姓家。1999年，每百户家庭耐用物品拥有量为：电视机92台（其中彩电32台）、电风扇120台、自行车300多辆、缝纫机40台、洗衣机12台、电冰箱9台、摩托车3辆、金银首饰14件。2021年，窑湾镇每百户居民拥有移动电话264部、电脑26台、汽车42辆。

农民住房条件明显改善。20世纪80年代后，居民建房由瓦房、平房、楼房不断升级。1979年，人均住房面积不足10平方米。2015年，人均住房面积38平方米。山河家园、聚福园、尚窑新村、龙湖湾小区等多家小区建设，改善了人们的居住条件。住房、汽车、通讯、娱乐、餐饮服务成为居民主要的消费支出。2021年，全镇城乡居民人均生活消费支出15619元，恩格尔系数29.9%，在30%以下。

翠荷红莲　谢春刚　摄

社会保障

最低生活保障

2001年，窑湾镇实行城镇居民最低生活保障制度。2005年1月实施农村居民最低生活保障制度。自2008年起，城乡居民最低生活保障标准多次提高。2019年，城乡低保标准由每人每月586元、550元提高到610元，初步实现城乡一体化。按照政策要求，低保户实行动态管理。2021年底，全镇有城乡居民低保户722户、1101人，发放保障金45.27万元。

“五保”供养

1956年，对鳏、寡、孤实行“五保”。1958年，对“五保”老人和老弱病残社员，由生产队给予“五保”。1980年，对部分“五保”老人实行集中供养，每人每年粮食由20世纪70年代的365斤提升到600斤，现金根据所在村的人均收入情况为130～150元不等。1990年以后，每年以现金形式分夏秋两季直接兑现到“五保”户手中。2021年底，农村“五保”集中供养53人，分散供养187人，共支出23.83万元。

敬老院建设

1990年，建臧许村敬老院。1992年，建腰庄村敬老院。两所敬老院共入住五保老人46人，集中供养率在10%左右。2005年7月，启动“关爱工程”建设，在原胜利联中校址，建造设施完备的窑湾中心敬老院，新增床位166张，集中供养212人，集中供养率45%。2007年，窑湾中心敬老院被评为“江苏省文明敬老院”。2020年，窑湾中心敬老院撤并，辖区内集中供养老人搬迁至棋盘九如城养老院。

农村社会养老保险

1992年9月，境域内两乡镇各设立农村社会保险事业管理所。至2000年3月，共投保金250余万元，有7000多人参保，到2002年有160人领取保险金。2016年，新型农村社会养老保险更名为城乡居民基本养老保险。2021年底，参保人数18270人。

残疾人保障

1990年10月，窑湾、王楼两乡镇成立残疾人联合会，对残疾人工作进行规范化管理。2021年底，全镇共有二级以上残疾人、三级精神智力残疾人、一户多残等生活困难残疾人833人，共发放残疾人补贴454.15万元，发放标准一般为低保内（一级、二级）每人234.5元，低保内（三级、四级）每人167.5元，低保外（一级、二级）每人670元，一户多残每人402元，护理补贴城镇每人130元，农村每人90元。

城乡居民基本医疗保险

2008年以后，窑湾镇完善新型农村合作医疗管理运行机制，参合率达90%以上。2017年，实施全市统一的城乡居民医保制度，参保人数14768人，参保资金643.8万元。2021年，新农合参保率达98%以上。

组织机构

中共窑湾地方组织

窑湾区域自1926年开始有中国共产党党员活动。1928年，在窑湾公安分局建立第一个中共党小组。1928年10月，成立新沂地区第一个党支部。抗日战争时期，窑湾区域党组织属运河区委管辖。1945年8月，成立临时区委。10月，建立窑湾市委。11月，改为窑湾区委。1949年2月，下辖11个党支部、85名党员。

1949年5月，成立新安县，窑湾区党组织共有16个党支部。随着区划和体制调整，先后为窑湾公社委员会、窑湾乡委员会。1986年，撤乡建镇，为窑湾镇委员会。1959年8月，成立王楼人民公社，设王楼公社委员会，后为王楼乡委员会。1999年，王楼乡委员会下设40个党支部。20世纪60年代初，中共窑湾人民公社、王楼人民公社委员会始设监察委员会，简称监委。1980年4月，分别成立中共窑湾、王楼纪律检查委员会。2000年，区划调整，撤销王楼镇，并入窑湾镇，设窑湾镇镇党委、纪委。

原中共王楼乡委员会至2008年，共召开13次党员代表大会。中共窑湾镇委员会至2021年5月26日，共召开17次党员代表大会。

2021年，中共窑湾镇委员会辖53个基层组织，其中党委1个、党总支2个、党支部50个，党员总数2379人。下设组织、宣传、纪检、统战等部门。

窑湾镇人民代表大会

1954年，窑湾镇和王楼乡设人民代表大会。窑湾镇（公社、乡）自1954年10月至1999年1月，共召开14届人民代表大会。王楼乡（公社）自1959年8月至1999年1月，共召开15届人民代表大会。

2000年9月，新组建的窑湾镇召开第一届人民代表大会，第五届窑湾镇人民代表大会第一次会议于2021年1月6日召开。

窑湾镇人民政府

抗日战争时期，窑湾区域属中共运河区政权管辖。1945年，设窑湾区政府。1945年10月，设窑湾市政府，随后改为窑湾区政府。1949年5月，成立新安县，设窑湾区政府。1958年12月，窑湾镇和堰头乡合并为窑湾镇，同时称窑湾人民公社，政社合一，设管理委员会。1959年8月，王楼、陆口等大队从窑湾辖区划出，成立王楼人民公社。1968年，窑湾、王楼成立公社革命委员会。1981年，取消革委会，恢复公社管委会。1983年5月，恢复乡政府建制。1986年12月，窑湾撤乡建镇。1999年12月，王楼撤乡建镇。2000年4月，撤销王楼镇，并入窑湾镇，成立窑湾镇人民政府。2021年，镇设机构有党政办公室、综合指挥中心、社会治理办公室（司法所）、经济发展办公室（财政所）、农村农业办公室（建设管理办公室）、综合行政执法局（生态环境办公室）、安全生产监督管理办公室、为民服务中心（社会事务办公室、退役军人服务站、文化服务站）等。

窑湾镇政协工作联络委员会

2012年，成立窑湾镇政协工作联络委员会，主要工作职能是组织引导政协委员参政议政，开展调研活动，收集社情民意，上报提案，发挥模范作用，推动经济社会发展。政协工作联络委员会委员通过学习、调研、视察等形式为窑湾发展建言献策。

1949—2021 年中共窑湾镇（乡、公社）党委书记更迭表

表 3

姓　名	任职年限
吴振亚	1950.4 离职
孙云彩	1950.6—1950.10
魏加凤	1950.10—1951.5
蔡崇明	1951.5—1954.4
张世兴	1954.4—1955.2
王奎孝	1955.2—1957.5
黄　平	1957.5—1965.6
张苳臣	1965.6—1971.6
陈惠平	1971.6—1977.11
许遵法	1977.11—1980.8

续表

姓　名	任职年限
陆文裕	1980.10—1984.3
刘鸿才	1984.3—1986.9
胡永弟	1986.9—1987.10
沈怀民	1987.10—1992.6
周恒宣	1992.7—1998.3
闫　军	1998.3—2002.9
钟学营	2003.3—2005.4
王开亮	2005.4—2007.3
吴以贵	2010.3—2011.6
吴　军	2011.6.24—2016.4.20
卓　雷	2016.4.20—2019.2
周　柒	2019.2—2021.3.29
张　军	2021.3.29—

1959—2000 年中共王楼乡（公社、镇）党委书记更迭表

表 4

姓　名	任职时间	备　注
毕增高	1959.8—1960.4	
丁家富	1960.4—1962.12	
刘克厚	1963.1—1965	
骆玉苏	1966—1967	
程春普	1967—1968	军管、武装部长主持工作
孟庆贤	1969—1970	兼职
徐　津	1970—1974	
叶舒松	1975.11—1978.4	
王立军	1978.5—1980.6	
王庆栋	1980.7—1983.12	
傅长江	1984.1—1988.12	
汪诚宜	1989.1—1993.12	
谢新民	1994.1—1995.9	

续表

姓　名	任职时间	备　注
孙远忠	1995.10—1998.7	
史　波	1998.8—2000.4	

2000—2021 年窑湾镇纪委书记历任更迭表

表 5

姓　名	任职时间
巩洪安	2000.5—2003.2
林秋鸿	2003.3—2006.8
李兆普	2006.9—2008.7
胡勤传	2008.10—2010.3
刘　波	2010.3—2014.11.12
鲍冬梅	2014.11.1—2016.5.9
刘　浩	2016.5—2018.4.13
仇飞云	2018.4.1—2020.2.25
周新路	2020.2.25—201.4.26
韦　杰	2021.4.26—

窑湾镇历届人大常务主席、人大主席任职表

（1990—2021）

表 6

姓　名	职　务	任职时间	姓　名	职　务	任职时间
庄恒芝	人大常务主席	1990.3—1992.2	王开亮	人大主席	2006.5—2007.3
黄金占	人大常务主席	1992.3—1995.11	林秋鸿	人大主席	2009.3—2012.2
周恒宣	人大主席	1995.11—1998.2	胡勤传	人大主席	2012.2—2014.11.2
朱宗先	人大主席	1998.12—2000.4	戈山虎	人大主席	2014.11.12—2015.11
项宗良	人大主席	2000.5—2002.2	刘　波	人大主席	2015.3—2017.12
时云泽	人大主席	2002.2—2003.3	黄克祥	人大主席	2017.12—2020.3
周舜才	人大主席	2003.3—2005.4	朱　峰	人大主席	2020.3—2021.3.20
赵君宝	人大主席	2005.4—2006.5	孟凡歌	人大主席	2021.3—

原王楼乡（镇）历届人大常务主席、人大主席、人大副主席任职表

（1990—2000）

表 7

姓　名	职　务	任职时间
汪诚宜	人大常务主席	1990.3—1993.7
谢新民	人大常务主席	1993.7—1995.11
范德才	人大常务副主席	1993.7—1995.11
马希雷	人大主席	1995.11—1998.8
项宗良	人大主席	1999.1—2000.2

1954—1987 年窑湾镇（人民公社）主要领导人任职时间表

表 8

姓　名	职　务	任　期
王奎孝	镇长	1954.10—1957.8
杨兆祥	镇长	1957.8—1958.10
陆长庚	社长	1958.10—1959.3
刘景荣	社长	1959.3—1963.3
许成哲	社长	1963.3—1965.12.15
丁家富	主任	1965.12.15—1978.3.1
许学礼	主任	1981.5—1983.8
庄恒芝	主任	1983.8—1987.1

窑湾镇人民公社革命委员会主要领导任职时间表

表 9

姓　名	职　务	任期年限
张荩臣	主任	1968.10—1970.1
陈惠平	主任	1973.11—1977.3
许遵法	主任	1977.4—1980.8
陆文裕	主任	1980.9—1981.4
许学礼	主任	1981.7—1983.8

1963—2021 窑湾乡（镇）人民政府主要负责人任职时间表

表 10

姓　名	职　务	任职时间
王仲彩	乡（镇）长	1963.8—1989.10
苗庆福	镇长	1989.11—1992.11
周荣启	镇长	1992.11—1994.12
孙咸波	镇长	1995.1—1997.2

续表

姓　名	职　务	任职时间
王书香	镇长	1997.3—2000.3
钟学营	镇长	2000.4—2003.3
时云泽	镇长	2003.3—2006.3
王远志	镇长	2006.3—2008.10
吴以贵	镇长	2008.11—2010.3
刘　成	镇长	2010.3—2011.3
倪　浩	镇长	2011.3—2015.3.15
苗　蔚	镇长	2015.3.15—2017.11
王庆富	镇长	2017.11—2021.3
王海涛	镇长	2021.3—

1959—2000 年王楼乡政府（公社管委会、革委会）主要负责人任职时间一览表

表 11

机构名称	主要负责人姓名	职　务	任职时间
王楼公社管理委员会（1959.8—1969.10）	毕增高	主任	1959.8—1960
	姜道华	主任	1960—1961
	张加夫	主任	1962—1965
	项西禹	社长	1962—1965
	孟庆贤	社长	1966—1969
王楼公社革委会（1968.11—1980）	晁儒勤	主任	1970—1974
	张宜堂	主任	1974—1977
	沈加信	主任	1978—1980
	桑本柱	主任	1981—1982
王楼乡（镇）政府（1983.5—2000.4）	薛德声	乡长	1983—1984
	庄玉佩	乡长	1984—1985
	蒋如华	乡长	1986—1991
	王　辉	乡长	1992—1993
	魏会光	乡长	1994—1995
	史　波	乡长	1996.1—1998
	钟学营	乡长	1998.2—2000.4

2016—2021 年窑湾镇历届政协工委领导干部任职时间表

表 12

姓　名	职　务	任职时间
侯立志	政协工委副主任	2016—2021.3
方梓健	政协工委主任	2021.8—
柳秀芬	政协工委副主任	2021.4—

2 美丽窑湾

古老的京杭大运河，横亘南北，在这里与江苏第四大淡水湖——骆马湖相遇，自北向东弯出一条精美的曲线飘带，点缀一片青砖黛瓦的绿荫之地，这便是中国大运河最美的古镇之一——窑湾。

窑湾生态资源得天独厚，水域面积占全镇总面积37%，境域内有老沂河、中运河、剑秋河、骆马湖“三河一湖”，以及中小河流20多条；全镇绿化覆盖率超过46%，绿地率55.6%，生态宜人，风景如画。

霞映古镇　庄安乐　摄

窑湾镇以绿色发展为引领，把“山清水秀生态美”作为乡村的靓丽底色，聚焦公共空间治理和绿化美化，全域整治公共空间私占乱用、农村乱搭乱建、垃圾乱堆乱放、沟渠河道污染等突出问题，治出乡村“新形象”，实现乡村面貌“大变样”。以创建国家级生态镇为抓手，按照“碧水绕城、绿荫满城”的思路，做足做好“亲水”和“绿色”文章，打造独树一帜的“古镇水环”及泛水环，构建城镇综合生态系统。“水在城中走、城在水边立，水城一体、城水交融”的滨水生态园林城镇魅力日益彰显。依托古镇旅游资源，从资源禀赋、历史传承、地理地貌出发，科学规划建设，打造历史文化底蕴深厚的窑湾古镇景区。将绿树碧水融入村庄建设，保持原汁原味的生态环境，构建人与自然和谐共生的田园乡村。好生态就是好风景。窑湾镇先后获得国家级生态镇、全国特色景观旅游名镇、中国十佳村镇慢游地等称号。

1982年以后，窑湾先后编制《窑湾公社集镇总体规划》《新沂市窑湾镇总体规划》《窑湾镇中心村规划》《王楼乡18个中心村规划》等规划。2004年后，加强了对窑湾历史文化古镇的保护，先后编制《窑湾历史和文化名镇保护规划》《窑湾镇古镇保护与利用规划》《新沂市窑湾镇镇村布局规划》《窑湾古镇旅游开发总体规划》《窑湾历史文化名镇保护规划》《江苏窑湾历史文化街区保护规划》等规划。

《窑湾历史和文化名镇保护规划》

2004年，窑湾镇委托南京工业大学建筑与城市规划学院编制。该规划建设控制范围为老护城河以西到京杭大运河，地域面积约2.06平方千米；古镇重点保护规划范围，东起护城河南，西至京杭运河，北抵玄庙，面积约0.91平方千米；古镇重点地带整治为沿街重点风貌地带，面积约0.26平方千米。

《新沂市窑湾镇镇村布局规划》

由徐州市规划局、新沂市规划局、徐州市规划设计院编制，2005年完成。规划至2020年，窑湾镇成为以水产品养殖和旅游开发为特色的新城镇，发展特色种植和养殖，以水富镇，旅游带动，建成京杭大运河北部地带最有名的运河古镇。

《窑湾古镇旅游开发总体规划》

委托南京必得旅游策划设计有限公司编制，2008年完成。2009年3月，新沂市人民政府批复实施。规划范围为窑湾古镇所涵盖范围，北至建设中的新沂市至窑湾镇的旅游大道，西、南均以运河大堤为界，东至窑草公路，并以护城河以西，运河大堤以东为核心区块。规划近期2008—2011年，为建设实施阶段，中远期2012—2018年，为完善提升阶段。

规划的功能定位：挖掘以“大运河文化”为核心的窑湾文化体系，打造集古镇观光、文化体验、休闲度假、购物娱乐、特色美食为一体的滨水商业型的运河第一古镇，构建国家历史文化名镇，国家AAAA级旅游景区，大运河畔第一古镇，淮海经济圈及长三角休闲旅游目的地，东陇海休闲走廊龙头及重要节点。

《窑湾镇历史文化名镇保护规划》

委托东南大学城市规划设计院编制，2010年10月完成。2011年7月31日，江苏省人民政府批复同意该规划实施。该规划的规划范围为窑湾老镇区范围，北至劳武路、南抵运河，东到镇东圩沟东岸、西达沂河西岸，面积85.62公顷。规划的目标是为窑湾镇的历史文化保护、城镇建设、城镇管理提供控制管理的法律依据和工作框架，对窑湾历史镇区总体功能发展定位为：保存与展示大运河码头与商埠历史文化的重要遗产地；满足镇区经济、文化、生活服务的复合功能中心，将镇区建设成为具有地域文化特色的运河文化线路旅游的重要目的地。规划近期为2010年至2015年，远期为2016年至2030年。

《江苏窑湾历史文化街区保护规划》

委托东南大学城市规划设计院编制，2012年底完成。规划范围北至沂河河岸，南抵前河巷、东到后山河河岸、西达沿河路，面积为17.31公顷。保护范围为西大街历史文化街区（面积为2.2公顷）和中宁街历史文化街区（面积为2.8公顷）。规划的指导思想是加强对窑湾古镇历史文化遗产的挖掘，以保护带动古镇发展，于发展中落实保护，在传承历史文脉的基础上实现名镇在社会、经济、环境和文化方面的可持续发展，实现创建中国运河古镇品牌的保护目标。

《新沂市窑湾镇镇区控制性详细规划》

委托东南大学城市规划设计研究院编制，2012年3月完成。该规划的规划范围为东至西陆营，西达京杭运河东岸，北至东钱口，南抵环湖大道，规划范围总面积3.64平方千米，包括古镇保护区。

功能定位：世界文化遗产京杭大运河中段重要的水乡古镇与核心景区之一，以文化旅游和生态旅游为主要功能的传统集镇，地方水运商贸流通中心，江苏省生态旅游集镇示范点。规划用地规模约为364.05公顷。其中城市建设用地面积为322.01公顷，非城市建设用地面积为42.04公顷。人口规模为窑湾镇镇区人口为2.9万人，形成“两心两轴一带五区”为特征的空间布局形态。

《新沂市窑湾镇总体规划（2013—2030）》

2013年编制完成。功能定位：京杭大运河中段以生态文化旅游为主的核心景区，江苏省历史文化名镇，新沂市商贸特色重点镇。人口规模：2020年，窑湾镇镇域人口达到6.9万人，城镇化水平53.5%，城镇人口3.7万人（其中，窑湾镇区人口2.9万人）；2030年，窑湾镇镇域人口达到7.1万人，城镇化水平65%，城镇人口4.65万人（其中，窑湾镇区人口3.3万人）。

镇区新貌　仲秀梅　摄

保护开发

中华人民共和国成立后，窑湾古镇街区由当地政府管理。2006年9月，新沂市成立窑湾古镇保护与利用委员会，同时成立窑湾古镇管理处，履行窑湾古镇保护与利用工作职能。2008年10月，新沂市委、市政府成立新沂骆马湖旅游发展有限公司，负责窑湾古镇和骆马湖的保护开发工作。2008年10月26日，古镇窑湾保护开发工程正式启动。从2008年至2016年，窑湾共实施三期古镇保护开发工程，投入资金20多亿元，修复三条历史文化街区，恢复后河和护城河水系，完成山西会馆、江西会馆、苏镇扬会馆、南哨门、界牌楼等30多处遗迹景观的修缮建设，打造大运河沿岸风光带，重现窑湾古镇的明清风采。2011年10月1日，窑湾古镇景区正式运营，向游客开放。

一期保护开发工程　2008年底开始，2009年11月结束，投入资金6000多万元，完成古建修复500多间，修复吴家大院、赵信隆酱园店、徐家大院、元升典当铺、中心广场炮楼、中心广场红楼等历史遗迹，修复面积1万多平方米。完成两条古街上下水管网和强弱电入池、青石板铺路工程，使窑湾古镇基本具备接待游客的能力。

二期保护开发工程　2009年底开始，2013年初基本结束。工程完善中宁街、西大街两条古街的修复，重点恢复后河和护城河水系，完成山西会馆、江西会馆、戒赌桥、三晋别院、龙舟驿、天主教堂、龙舟桥、北门桥、月牙桥、华棠桥、北门锁钥城墙城楼、南哨门、界牌楼、古镇照明景观一期工程等遗迹修复和景观建设工程。结合骆马湖旅游开发，打造大运河沿岸风光带，再现明清时代后河两岸的繁荣景象，为古镇开发营造新的亮点，重现中国大运河畔第一古镇昔日的繁华。

三期保护开发工程　2013年初开始实施，主要建设工程有碧水湾住宅小区、苏镇扬会馆、大运河景观带一期工程、大运河景观带二期工程、游客服务中心及配套酒店工程、江西会馆装修工程、民俗文化商业街工程。三期工程建设使古镇景区内涵更加丰富，配套功能更加完善。

2018年以后，《江苏省大运河文化带

（徐州段）保护传承利用实施规划》把窑湾古镇定为临河国家文化公园。主题是依托窑湾历史文化街区、运河沿线景观，重点展示与运河水运贸易共生城镇聚落发展与自然风光。根据规划，新沂骆马湖旅游发展有限公司编排大运河文化窑湾核心展示园项目，总投资约30亿元，从水上旅游开发、窑湾历史建筑群修缮工程、旅游服务设施、大运河文化集中再现工程四个方面加大景区建设力度，进一步彰显窑湾古镇景区大运河文化特色。

运河商都度假酒店　窑湾镇政府　供图

镇村建设

窑湾稻香小村　沙江　摄

新镇区建设

为保护古镇历史文化街区，将行政服务和居民生活中心从老街区移出，1991年起，在老街区北部开始新镇区建设，围绕“三心、四轴、七组团”的空间布局，规划建设劳武路、人民路、疏港路、龙舟路等，并以这几条路为发展轴，建设行政事业服务中心、旅游产品产业园、古镇旅游区、商业服务区、船运物流区、商住小区、农民集中居住区，基础设施和公共设施逐步完善。窑湾行政中心、综合行政执法中心、窑湾中学、游客接待中心、运河商都度假酒店、综合性农贸市场等一批标志性建筑和龙湖湾、碧水湾、步行街、聚福缘、古镇花园、山河家园、渔民新村数十幢商住楼群相继竣工投入使用。至2021年，新集镇建成区面积3.1平方千米，形成行政服务、商业服务、居民住宅三大板块和“四横五纵”主干道路的新镇区。

乡村建设

1990年前，窑湾镇村庄居民点大都是沿河道、路道而建，村庄内房屋大多为草房、砖瓦房。1990年后，农村建房由砖木结构向砖混结构平房和楼房发展。在完善第一轮行政村规划时，按照国家《村镇规划标准》《江苏省村庄规划技术规定》，编制《新沂市窑湾镇镇域镇村布局规划》，推进中心村建设。

2013年，开始实施《新沂市窑湾镇镇域镇村布局规划》，设有2个农村社区、19个一般村庄、8个特色村庄。2018年起，窑湾启动实施农房改善工作，规划集聚提升类村庄18个、特色保护类12个、其他一般村庄36个、搬迁拆并类14个。至2021年，建成3个现代化新型农村社区、2个特色田园村庄、19个美丽宜居村庄、11个绿美村庄，9个省级绿美示范村。

古街古巷　杨杰　摄

基础设施

道路

窑湾境域内有古镇大道、窑草公路、窑邳线、堰王公路、窑炮公路、新窑炮公路、官场南路、窑刘线、窑五线、窑杨线、窑胜线等省、县、乡村级公路33条，总长141.66千米。开通至徐州、邳州、新沂、马陵山等客运线路7条，全长330千米，客运班车40多辆，年客运量510万人次，货车500多辆，每年货运量360万吨。

古镇大道　即省道505道。总投资6.5亿元，起于新戴运河，止于窑湾港，全长31.5

古镇大道　仲秀梅　摄

千米。古镇大道连接连霍高速公路出入口，境域内长9.6千米。2009年3月，开工建设。2011年春通车。全线共设1座特大桥（毛林特大桥）、2座大桥（连徐高速公路跨线桥、老沂河大桥）、1座互通立交（连徐高速公路新沂西互通），是连接徐连高速和骆马湖、窑湾古镇的主要通道。

窑草公路　1958年，修建草桥至曹窑干渠道路。1959年，修建窑湾机电排灌站至曹窑干渠道路。20世纪70年代初，建成窑湾至华沂23.47千米的县道（四级公路），路面宽度5米，砂砾路面。1999年，草桥—窑湾段改建工程列为新沂市“通达工程”建设项目，路线总长18.24千米，路基宽9.5米，路面宽9米，2000年底竣工。2004年，改造草桥—窑湾段，将经窑湾老街老路，改出镇外，直接通到渡口，改线段长1.1千米，公路等级为二级。2004年12月，竣工。

窑邳运河线　1999年建成。路面宽度9米，二级公路，起点窑湾镇二湾，止于邳州交界，全长13.9千米。2012年，与环湖大道连接，称为环骆马湖旅游线。

桥梁

镇域有桥梁100余座，其中镇区桥梁6座，省道及农村公路桥梁35座。

老沂河大桥　位于古镇大道王楼村段，横跨老沂河分洪口入骆马湖处，是老沂河窑湾段第三座桥梁，设计承载为公路Ⅰ级，桥梁全长183米，桥面总宽15米，抗震烈度8度，主桥上部类型箱形梁，主桥上部材料预应力混凝土，桥墩类型双柱式墩。2009年，建成通车，实现主城区与窑湾镇半小时通达。

尾水导流桥　位于古镇大道腰庄村段，横跨十一支排水大沟，为一级公路，桥梁全长106.16米，跨径总长100米，桥面总宽15米，抗震烈度8度，主桥上部类型空心板梁，主桥上部材料预应力混凝土，桥墩类型多柱墩。2009年，建成通车。

其他公路桥梁　有王楼大桥、分洪口桥、王沃桥、六保河桥、隅头桥、万庄桥、育才桥、王场桥、一支渠小桥、二支渠小桥、三支渠小桥、四支渠小桥、五支渠小桥、六支渠小桥等中、小桥33座。

航道

京杭运河骆马湖北航线新线　1990年前后，京杭运河新沂段有老运河段和新运河段。1992—1995年，完成骆马湖北航线改线，投入资金801.5万元，开挖土方72.4万立方米，疏通航道9千米。该工程结束骆马湖老线因湾多、滩多，沉船死亡事故多发的历史，提高航道安全系数，缩短航道里程，改善通航条件。2007年，京杭运河新沂段由三级改造为二级航道。由原来通航1000吨提升到可通航2000吨船舶，对发挥京杭运河水运主通道作用，促进长江三角洲高等级航道网和市干线航道网的建设，完善区域综合交通运输体系具有十分重要的意义。

骆马湖北航线　连接京杭运河和新戴运河的湖区航道，航道维护等级6级，通航里程23.11千米，可通行300吨船舶。起点窑湾镇二湾口，终点蔡庄桥。航线最高通航水位为25米，最低通航水位21米，河底高程19米，水深2米，最小弯曲半径200米。

京杭运河窑湾老道　是进入骆马湖和经窑湾过境的船舶航道，也是京杭运河的副线。航道维护等级5级，通航里程6.19千米，可通行300吨船舶。起点为新道口上，终点为二湾示位标下游150米，在二湾处与骆马湖北航道连接，是骆马湖北航线与京杭运河连通的唯一通道，主要承担湖区货物运输和其他过境船舶运输，是一条较为繁忙的航道。

码头渡口

窑湾码头　地处京杭运河与老沂河交汇处，明清到民国时期，是大运河上重要航运码头。方圆百里的商品粮于窑湾上船，南运宁、沪、杭销售，又从南方运来煤油、卷烟、火柴、棉布、百货杂品在此卸船，销往邻县各地市场。该码头于1963年、1985年两次重新修建。1977年，建嶂山港，码头属自然岸坡。1980年，改建成重力式码头，全长890米，有泊位30个，最大停泊能力200吨。

渡口　窑湾的水路客运20世纪80年代以前以人力木船和小机船为主要交通工具，在运河与骆马湖上设立有窑湾、头湾、二湾、张村、万庄、刘宅等渡口。1985年，投资30万元在窑湾镇口西运河岸兴建新沂市汽渡站，1986年下半年，建成运行，线路从口西至运河对岸睢宁便民闸。1996年2月，改建，水深5米，航线长约2.5千米。2021年底，汽渡营业站有渡船8艘，客位1600人，年流量34万人次，1.3万辆车次。

“大清邮政”邮筒　窑湾镇政府　供图

邮政电信

窑湾邮政有100多年历史。清同治十三年（1874），窑湾商人叶竹三开设“徐天顺民信分局”，是窑湾同外埠沟通的民间通信机构，比清廷开办邮政早22年。清光绪二十八年（1902），窑湾地区第一家邮局——大清窑湾邮政局建立。创立同年从代办处升格为三等邮局、乙类汇兑局，并首设局辖官湖、滩上邮政代办处，形成徐州府东部地区邮政中枢。藏于“窑湾邮局”的一份清光绪三十二年（1906）《大清通邮汇编》记载，“徐州府：宿迁、睢宁、窑湾”，徐州府当时所辖分局有三，其中前两局都是县级局，唯独窑湾是一个区域性邮政局，可见当年窑湾的经济地位之高、邮政事业之发达。

民国时期，窑湾大清邮政转为中华邮政，先后增办保险信函、快递等业务。1948年11月，窑湾解放，人民政府全面接管窑湾邮政局。1949年5月，新组建的窑湾三等邮局，直属淮阴邮政局领导，先后恢复各类邮政业务。1952年2月10日，窑湾邮局划归新安镇邮电局管辖。11月，改为窑湾邮政营业处。1955年12月，改为邮电支局，隶属新沂邮电局领导。20世纪80年代以后，先后开办特快专递、邮政储蓄等业务。1993年，中继传输全部光缆化，全镇区实现数字化通信——自动电话。

至2021年，窑湾邮政转型为融现代物流、商业邮务和金融服务为一体的综合性经营实体。境域内有邮政网点2个，投递路线单程总长度80千米，乡村通邮率100%，全年投递国内函件3.65万件，国内主要业务完成37.3万笔，国内异地特快专递信件3860件，业务收入370万元。电信企业3家，服务网点5个，电话交换机总客量1.2万门，固定电话用户1.1万户，电话普及率100%，移动电话用户1.16万户，宽带接入用户600户，全年电信业务收入210万元。

供电燃气供水

供电　窑湾从1958年开始用电。1959年，建变电所。王楼从1960年开始用电。1975年，建供电站。1974年起，发展农村用电，1979年后，全镇农村逐步用上电，并使用电力进行机械加工。

1976年，窑湾供电所添置1台320千伏安变压器，粮管所农具厂各购买一台变压器。1988年，建1800千伏安、35千伏变电所一座，新建10千伏线路两条。

1998年，窑湾新建变电所一座，有高低压线路250千米，变压器46台。至2015年，窑湾镇全年用电量2600万千瓦，是全市用电大镇之一。

2021年，窑湾镇有窑湾、王楼35千伏变电站2座，各有主变压器2台，容量4.5万千伏安，高压输电线路15条，总长度182千米。有110千伏变电站一座，双回路供电主变压器2台，容量4000千伏安，110千伏供电线路23千米。年售电量3200万千瓦时。

燃气　20世纪80年代，窑湾有少数居民使用液化气。至2012年，全镇95%的农户用上液化气。2019年后，各站点液化气由新沂市气站统一配送，使用统一定制钢瓶。2020年，开始安装天然气。2021年，窑湾镇曹窑村建有供气站一座，全镇有供气点8个。全镇有居民燃气用户11670户。

窑湾镇五墩村有船用天然气供气站一座，专为运输船只加气，2018年停业。2019年，窑湾镇实施新沂市管道燃气“镇镇通”“村村通”工程，铺设主管网36千米，低

窑湾印象

压埋地管网约10千米，低压架空管网约30千米，由新沂中燃城市燃气发展有限公司供气。至2021年底，三桥村、胜利村、隅头村、王楼村、曹窑村、王沃村、杨场村、刘宅村、王场村已安装天然气，用户2757户。

供水　20世纪80年代，镇粮管所、供销社等单位和企业建造水塔，供单位使用并给附近居民供水。90年代，镇区居民自备小水塔，或用手压井抽取地下水。2000年，农民张二虎自筹资金60万元投资兴建徐州市第一家私营水厂——王楼育才水厂，向王楼集市居民供水。2007年5月，开始安装自来水，供水能力3500吨，水质达到国家统一用水标准。2009年底，全镇铺设供水管长87.72千米，分户专管450千米，供水普及率76%。

2018年前，全镇有自来水厂2座，位于三桥村和曹窑村，有主管网140千米，10座泵房，使用地下水为水源，2018年废除。2018年后，新沂市实施城乡供水一体化工程，新建新沂市窑湾地表水厂，设计日供水能力5万立方米，除供应窑湾镇生活饮用水外，还供应草桥镇、港头镇、瓦窑镇等。窑湾境域内有1米铸铁管网7.69千米，主管网150千米，入户管网260千米。

公共服务设施

窑湾镇为民服务中心　位于运河商都东侧，总占地面积1260平方米，办公面积360平方米，2020年3月投入使用。设有农保、社保、医保、村建、民政、残联、信访、司法等14个窗口，可办理71项业务，有工作人员25人，是集信息与咨询、管理与服务、投诉与监督为一体的镇级综合行政服务平台。

窑湾镇新时代文明实践所——窑湾印象　位于劳武路与古镇大道相交处西南侧，占地面积1公顷，建筑面积2000平方米，投资2000万元，2020年建成投入使用。建筑为二层结构，一层有镇史馆、图书阅览室、茶吧、文化传承室、棋牌室、烙画室、运河文化馆、妇女儿童活动中心、窑文化馆等，二层有体育健身室、多功能厅、教育培训室、舞蹈室、国民体质监测和健身指导站、协商民主议事厅、小镇客厅、古韵旗袍文化交流中心、夕阳红艺术团活动室等。室外有篮球场、健身路径以及文化广场、体育公园等，是一个集文化展示、休闲娱乐、文明实践为一体的标志性综合场所。

特色村选介

中国最美休闲乡村——三桥村

三桥村是镇政府驻地、古镇街区所在地，三面环水，西依大运河，东临骆马湖，水网交错，风景绮丽，古迹众多，是集古镇景观、水泊景观、名胜古迹、自然野趣于一体的历史古村。21世纪初，三桥村坚持“以水兴村，旅游强村，营造环境，振兴三桥”的发展思路，开发建设新区、山河家园，聚福园等6个村民集居点，同步推进以餐饮、垂钓、娱乐、采摘于一体的旅游观光园建设，创办绿豆烧、甜油坊、水产加工等16个生产基地，多渠道拓宽强村富民新路。2004年，被江苏省司法厅等授予民主法治示范村称号。2015年10月，被农业部授予“中国最美休闲乡村”称号。2016年，被评为“江苏省文明村”。2017年，三桥社区被国务院侨办公布为“全国社区侨务工作示范单位”。2020年1月，被江苏省委统战部评为“全省基层侨务工作优秀单位”。

江苏省美丽乡村——刘宅村

刘宅村位于窑湾镇东部，紧邻骆马湖，是远近闻名的鱼米之乡。刘宅村围绕创建美丽乡村目标，按照“鱼渔娱相结合，人水绿共和谐”的发展思路，突出延续窑湾古镇风貌，重塑渔村田园风光的发展定位，发展高效农业、水产养殖业和旅游业，把刘宅村打造成“赏鱼、捕鱼、吃鱼、买鱼”为主线的回归式渔村。2012年，被评为“徐州市生态村”。2015年，被评为“江苏省美丽乡村”。

刘宅村　仲秀梅　摄

国家级生态镇

20世纪90年代起，境域内实施绿化造林工程，参与运河生态大走廊建设，建设河湖防护林带，绿化道路和河岸，美化庭院，建设园林。实施农村人居环境整治工程，推进“五水共治”（治污水、防洪水、排涝水、保供水、抓节水），境域内碧水绕城、绿荫满城，水城一体、城水交融。2013年2月，窑湾镇启动国家级生态镇创建工作。2017年，窑湾镇被评为国家级生态镇。

农村人居环境整治

公共空间治理　围绕河道“蓝线”控制区、道路“红线、绿线”控制区及村庄“四旁四荒地”等重点区域，深入整治公共空间私占乱用、农村乱搭乱建、垃圾乱堆乱放、沟渠河道污染等突出问题，推动农村人居环境不断改善。2019年至2021年，全镇共拆各类违章搭建758处，清理出公共空间70万平方米，村级

农村人居环境　杨颖　摄

集体增收150万元。以生活污水、河道疏浚整治为重点，清理水塘160万平方米、村内沟渠55千米，境域内“河畅、水清、岸绿、景美”。

污水治理　20世纪80年代前，镇区生活、生产污水主要以阴沟或明沟就近排入河湖。90年代开始，建设雨污合流排水管网。2009年起，实施“雨污分流”改造，铺设污水收集管网，镇区建成日处理1000吨生活污水处理厂和日处理300吨微动力污水处理设施1座。2010年，铺设污水主次管网约14.3千米，镇区主干道全部实现雨污分流。在各村建成村级污水处理点23个。

环卫　2008年，成立环卫所。至2021年，有环卫工人30人，垃圾车4台。镇区有2个垃圾中转站，8座水冲式公共厕所，街道设立垃圾箱，实行全天保洁。按照“镇村环卫一体化、全覆盖”的思路，建立“户投放、组保洁、村收集、镇转运”的垃圾收运处理体系，镇财政每年支付运营费用200余万元，实现保洁覆盖面、生活垃圾收运率、无害化处理率“三个100%”。

改水改厕　2017年后，推进农村“厕所革命”，在全镇21个行政村推进无害化户厕改造工作，提升农村无害化卫生户厕普及率。至2021年，农村无害化户厕改造1.15万座，农村卫生厕所普及率91%，新建镇村公厕202座。构建镇村一体化供水体系，建设地表水厂1座，泵房9座，铺设管网190千米，农村安全饮用水普及率100%。

人居环境美化　2017年后，开展“美丽庭院”“清洁庭院”创建，全镇组织开展“双院”评比活动50余场次，创建“清洁庭院”950户、“美丽庭院”610户。家家户户见缝栽绿，村村组组可见花园式居民庭院、组边绿地和村中花园。2021年，全镇50%以上的村达到文明村、卫生村、生态村标准，三桥村、五墩村、许楼村三个村创建为省级生态村；创建省级绿色学校1所、市级绿色学校5所。

绿化工程

植绿造林　20世纪60年代中期，每年开展植树造林活动，植树造林面积2000亩。70年代，开展农田水利建设，实现农田林网3.5万亩。20世纪90年代至21世纪初，实施绿色工程计划，实现农田林网化，河湖堤岸以及公路、街道两侧全部绿化。至2021年，全镇成片林面积5.5万亩，农田林网6万亩，四旁植树380万株。

园林绿化　20世纪90年代，新区建设注重园林绿化。2021年，有公园3个，面积3.2公顷，园林绿地面积126.8公顷，其中公共绿地89公顷，绿化覆盖率36%，人均绿地8.5平方米。

亮化工程

1986—2007年，境域内道路架设以高压钠灯为光源的路灯。2007—2021年，镇村街道、道路、广场、公园路灯采用LED光源、太阳能新能源实现亮化。古镇景区亮化工程使用仿古太阳能路灯，景区建筑物四周安装展示轮廓的彩灯。全镇有各类路灯和景观灯3.7万余盏。

3 水韵窑湾

水，是窑湾的魂。

在全镇115.99平方千米的土地上，水域占据37%，河流、湖泊、湿地众多，水网遍布、水系相连、水韵悠长；旖旎的自然风光生态宜人，风景如画，胜似江南水乡。从流淌千年的运河水，到灵动的涓涓溪流，或浩浩荡荡，或温润细腻。不同的水系彰显出不同的“性格”，在沂运大地上交相融汇，润泽千年古镇。

窑湾依水而生、因水而兴。

水韵悠然中，运河、沂河、骆马湖在典籍里流淌，古镇、古码头、古驿站、古村落在历史长河里闪亮。南北文化的碰撞交融，让这里既开放包容，又严谨求实；既有北方的豪放，又有江南的婉约，造就窑湾独具别样的地域特征，成就“日过桅帆千杆，夜泊舟船十里”运河商都的传奇。沂运大地的历史也因水的滋养而熠熠生辉。

湿地公园（七彩湿地）　窑湾镇政府　供图

窑湾之美，在于生态之美。

古人逐水草而居，而今丰裕的水资源依然在赋能窑湾发展，但发展不是单纯向自然索取和掠夺，经济繁荣与生态保护也从来不是非此即彼的“单选题”。从义无反顾地落实骆马湖“禁渔”，到退圩还湖；从河湖综合治理，到实施国家“山水工程”保护修复；从维护运河航运水利功能，到实施大运河国家文化公园窑湾核心展示园工程，一体建设高品位、高水平的文化走廊、生态走廊、旅游走廊，一路走来，窑湾人找到一个人与水和谐共生的恰当位置：尊重自然，让道于水；给水出路，人有生路；兼顾发展，人水和谐。近水、亲水、乐水、护水的动人画面在古镇不断展现。“生产岸线”蜕变“生态岸线”，唤回河湖水清鱼跃、岸绿景美的良好生态环境，绘就河湖大保护最美底色，一幅靓丽的水美窑湾画卷正徐徐展开。

水系

窑湾镇境域内河流属淮河水系，有大小河流多条，主要有老沂河、中运河、剑秋河、小新河、莫夫河、尾水导流河、后河等；境域内骆马湖是江苏四大湖泊之一。

老沂河

沂河源于山东沂蒙山区的鲁山，经沂南、临沂、郯城、邳州流入境地，在窑湾镇入中运河。中华人民共和国成立后，沂河开辟新道，在上游草桥镇华沂村向南入骆马湖，主河道不再流经窑湾，境域现存老沂河与老沂河古道，称为老沂河，总长约20千米，水域面积约433公顷。

中运河

京杭大运河自苏、鲁交界处的韩庄、黄

橄榄岛　仲秀梅　摄

楼南流，经邳州和窑湾镇境域，在窑湾镇二湾入骆马湖。境域内大运河为中运河的一段，上起邳州和新沂市交界，下止二湾，河岸线15千米。以老河道河心线为界，分别归宿迁市、邳州市、睢宁县和新沂市管理。窑湾中运河为航运、灌溉、排涝、泄洪、南水北调的综合性河道，也是大运河通航条件最好的河道之一。

剑秋河

剑秋河又名建秋河，原为泇运河的一部分，起于邳州市炮车镇后沙沟，至窑湾镇庄场村入运河。明万历三十一年（1603），河督李化龙开泇河。清康熙六十一年（1722），开新运河后淤废。中华人民共和国成立后，重新拓宽疏浚，是流经邳州炮车镇、新沂草桥镇、窑湾镇的排涝河道，境域内长8600米。

小新河

老沂河决口形成的一条小河，被称为小新沂河。20世纪70年代，整修取直，简称小新河。起于草桥镇小朱场村，止于窑湾庄林村骆马湖北岸。全长7900米，境域内长6900米。

莫夫河

中华人民共和国成立初，骆马湖大堤复堤取土形成的一条小河，未与大运河和骆马湖贯通。自老沂河右堤起，止于中运河左岸，全长8590米。工程由东海县民工完成，称为莫夫河。

尾水导流河

因徐州污水处理厂尾水东流而得名。境域

内经庄场村至腰庄村入小新河，全长9870米。

后河

为沂河一支流，自西水门（月牙桥）穿镇而过西入大运河。全长1300米，宽30米。清至民国时，后河两岸是窑湾综合市场，后河中商艘停泊，白日人声鼎沸，是古镇交通贸易要道，夜晚灯火通明，秦淮淑女，弹筝歌舫，素有“金陵秦淮河”之称。

骆马湖

骆马湖位于江苏省北部，跨宿迁和徐州两市，是江苏省四大淡水湖泊之一。历史上，骆马湖又名乐马湖、洛马湖、马乐湖。骆马湖属典型的地壳运动的构造湖，早在北宋政和五年（1115）前，当地形成自然湖泊，经常泛滥成灾。在明代以前，形成4个互不相连的小湖，位居中间的叫大江湖，西北部的叫隅头湖，东北部的叫埝头湖，南部的叫骆马湖。至明代后期，原入泗水的沂水严重受阻，致使4个小湖连成一片，统称骆马湖。因泗水下注，骆马湖水域逐渐扩大，成为南北长35千米，东西宽15至20千米的大型湖泊。从明清到中华人民共和国成立初期，骆马湖是滞洪的过水湖。1952年导沂整沭工程修建皂河闸、杨河滩闸。1958年，建嶂山闸和骆马湖大堤，成为滞洪水库。1958年1月，江苏省人民政府报水利部批准，将骆马湖改为常年蓄水库，骆马湖成为调蓄沂、沭、泗洪水的大型防洪蓄水水库，同时也是京杭运河中运河的一段航道。2006年6月，江苏省林业局批准建立“江苏新沂骆马湖省级湿地公园”，是徐州市被批准建立的第一个省级湿地公园，也是南水北调的重要中转站。骆马湖总面积296平方千米，属新沂市境域内130平方千米，窑湾辖地管理67平方千米。

水运枢纽

水运航道

明万历三十二年（1604），工部右侍郎、总理河道李化龙，开泇运河，京杭运河从窑湾通过，为主要漕运通道。清康熙年间，中运河开通后，位于中运河与骆马湖交汇处的窑湾，扼南北水路之要津，成为京杭大运河的主要码头和南北水运枢纽。“日过桅帆千杆，

水运　李树军　摄

夜泊舟船十里”。全国各地的货物依托窑湾码头实现南北流通，有的还远销日本、东南亚等地。

民国时期，北方大运河逐渐淤塞，但是窑湾以南的大运河一直通航，窑湾成为南方和外来商品的重要集散地。

窑湾是新沂市和周边地区的水运枢纽。1992—1995年，完成骆马湖北航线改线，疏通航道9千米，改善通航条件，缩短航道里程。2007年，京杭运河新沂段由三级航道改造为二级航道，该工程是江苏省“十一五”期间重点交通工程项目，共投入建设资金1000万元，由原来通航1000吨提升到可通航2000吨船舶，提升京杭运河水运主通道功能。2009年以后，新沂市先后实施新戴运河“六改四”“四改二”、骆马湖以北航道疏浚等工程，建设顺通港、二湾港、窑湾码头、新沂港等内河港口，新沂港成为连接骆马湖、大运河的“亿吨大港”，年吞吐量1800万吨。窑湾大运河，通航可以北达济宁，南到上海、杭州，在大运河文化带建设和经济流通中发挥重要作用。

窑湾水运业

中华人民共和国成立后，窑湾组织成立船民协会，后改称新沂县窑湾木船社。1960年，开始制造轮船头，发展水运业。1963年，组建新沂县运输联社木帆船运输合作社。1974年，窑湾木船社改称新沂县航运公司，共有航运轮船、驳船37艘，吨位991吨，年完成货运量4.1万吨，货运周转量901.6吨千米。1997年，更名为新沂航运有限责任公司。2004年，更名为新沂市宏通航运有限责任公司。2007年，宏通公司拥有13个船队，总计9.1万吨位，年完成货运量48万吨，货运周转量26880万吨千米。窑湾的水路运输单位还有1972年建立的新沂轮船运输公司，其前身为窑湾黄沙站，兼营水运。1979年，析置窑湾航运社。1986年，发展为江河轮船运输公司，有船队四支，载重吨位2500吨。2021年，窑湾共有水运经营实体4家，运输总吨位30万吨，年货运量650万吨。

水产名镇

特色水产

骆马湖，水质清纯，水产资源十分丰富，盛产鱼、虾、蟹、鳖等60多种名贵水产品。其中，银鱼、青虾、螃蟹被誉为骆马湖“三鲜”，白虾、银鱼、白丝（翘嘴红鲌）被称为“三白”，青虾、银鱼、鳜鱼、黄颡鱼、乌鳢、翘嘴红鲌又被誉为骆马湖“六大名旦”。窑湾是苏北河蟹养殖示范基地，养殖河蟹2万多亩。2009年12月，骆马湖被农业部列为国家级水产种质资源保护区，明确骆马湖国家级水产种质资源保护区总面积3160公顷，特别保护期为全年。

渔业生产

境域内有中运河、沂河、骆马湖，水资源十分丰富，窑湾居民“靠水吃水”，有渔业生产的传统。中华人民共和国成立前，渔业处于“自生繁衍，只捕不养”状态，农民多在闲暇时间捕捞，有“捞鱼摸虾误了庄稼”之说。1956年，三桥高级社建立新沂县第一个水产养殖场。1964年，山东微山高楼乡沿河村渔民刘世菇携家游捕到骆马湖，以捕捞为生，是境域内第一户渔民。20世纪80年代以后，村民实行“精养高产”，养殖面积逐渐扩大，产量逐年递增，成为多种经营生产的龙头项目。90年代，渔业成为全镇支柱产业。

2000年以后，以特种水产品为主体的渔业养殖品种结构日趋多元化，以大水面养殖、稻田养殖等高质量规模养殖为主体的生产格局日益合理，以水产品加工龙头企业带动的产业化水平不断提高，各类农民专业合作组织相继成立，建成水产品加工企业，逐步完善“企业+基地+组织+农户”的产业化组织模式。

2021年，全镇水产养殖面积2.3万亩，其中内塘0.8万亩，稻田养殖面积1.5万亩。全镇水产品流出量3.1万吨，年加工量0.9万吨。全镇年产值在1000万元以上的水产龙头企业3家，百亩以上养殖大户80余家，活鱼运输车120余辆。全镇渔业总产值4.68亿元，人均渔业纯收入5200元。窑湾镇被省海洋与渔业局认定为“江苏省高效渔业示范镇”，新沂市骆马湖农产品加工集中区被评为省级农产品加工集中区。

水产养殖场　仲秀梅　摄

饮用水水源地

骆马湖是徐州市、宿迁市的水源地，又是南水北调东线进入山东的最后一个“净水池”，骆马湖通过水源地建设与南水北调河湖综合治理，实施退渔还湖，修复湖泊生态环境，水质不断提升，由不稳达标的地表Ⅲ类水，稳定在Ⅲ—Ⅱ类水。

新沂市区水源地

2009年7月15日，新沂市启动地表水厂项目建设，饮用水源地取水口选址在骆马湖嶂山闸上游。2013年7月19日，地表水厂一期工程向城南新区和主城区分步供应地表水，水质完全符合国际106项标准。2016年7月，地表水厂深度处理项目建成运行。2017年6月，省政府批复，明确以取水口为中心，半径500米为一级保护区，一级保护区外延1000米为二级保护区，二级保护区外延1000米为准保护区。保障了全市居民的生活饮用水安全，由“合格水”变成了“优质水”。2018年11月，骆马湖水源地达标建设通过省水利厅、住建厅和生态环境厅的技术核查和全面验收。2021年底，骆马湖对新沂市区供水规模达20万吨/日。

徐州市“骆马湖水源地”

2014年，徐州市“骆马湖水源地”建设启动，工程以骆马湖为水源地，从骆马湖深水区取水，湖区内取水工程结合远期规划建设，规模为140万立方米/天。徐州市骆马湖水源地保护区为19.63平方千米，被列入江苏省集中式饮用水源地名录。2016年9月，徐州市骆马湖水源地及水厂建设工程竣工，出厂水106项指标全部合格。输水管线同时向沿线的邳州、睢宁提供原水。2021年，徐州骆马湖水源地每天约为徐州市提供40万吨以上净水，缓解徐州生活用水严重短缺状况。

南水北调的“净水池”

骆马湖是南水北调东线工程中最为重要的输水通道和调蓄湖泊，也是水质最好的湖泊。南水北调工程中，长江水从淮安北上，进入骆马湖在这里将泥沙沉淀，然后北上汇入微山湖。骆马湖也受益于长江水，注入新的水源活力，为发展生态旅游资源、保障大运河向北通航条件发挥重要作用。南水北调东线一期工程建成通水后，到2021年底，已向北方调水出省47亿立方米，接近8个骆马湖水量。

生态骆马湖　周斌　摄

国家级『山水工程项目』

2021年11月，新沂市组织申报“十四五”期间第二批山水田湖草沙一体化保护和修复工程项目。2022年7月，“新沂市骆马湖退圩还湖生态修复（一期）工程项目”和“新沂市窑湾镇水系连通工程项目”入选国家级“山水工程项目”，实现“山水工程”零的突破。两个项目总投资9.33亿元，其中中央和省级补助资金5.36亿元。山水工程项目由新沂市自然资源和规划局组织实施。

新沂市骆马湖退圩还湖生态修复（一期）工程项目

工程总投资8.295亿元。骆马湖（新沂）境域内蓄水面积为95平方千米，实施清除湖区49.50平方千米范围内圩埂和围网，其中清退围网面积约10.98平方千米，清退圈圩面积约38.52平方千米，科学布置排泥场，对排泥场和清退区进行生态植被和生态湿地修复。该项目从2021年3月实施，计划到2024年12月完工。骆马湖退圩还湖实施后，能够恢复骆马湖自由水面30.72平方千米，增加有效防洪库容约1.1亿立方米，恢复供水调蓄库容约0.77亿立方米，削减养殖饵料污染4.7万吨/年。对骆马湖北岸原有水田、养殖坑塘进行人工湿地修复，修复面积约10公顷。

新沂市窑湾镇水系连通工程项目

工程总投资1.03亿元，实施河道岸堤修复521.76千米（包括河道整治长度173.92千米、河道两侧岸坡修复长度347.84千米），设置生态浮岛3处，太阳能水生态循环修复系统4座，提升骆马湖入湖河道水质。2021年底，完成河道综合治理40千米，整体进度完成约30%。该项目计划到2024年12月完工。

骆马湖海事搜救中心　李树军　摄

古运河风光带

中运河窑湾境域内长15千米，河面宽阔，河岸逶迤，风光秀丽。2015年，在窑湾古镇西，古运河之滨，建成古运河风光带，全长2.6千米，面积约9.5万平方米，形成生态、绿色、亲水、富含文化的滨水开放空间，是窑湾古镇迎接宾客、展示古镇风貌特色的形象窗口。大运河景观带的空间布局为两轴三区。两轴为河陆路生态景观。绿轴，即陆地生态步行空间轴线和水上游览观光景观。蓝轴，即运河南北水上景观节点的空间轴线。三区为生态湿地区、历史文化区、古运林影区。

生态湿地区建有河源广场、滩涂风光、船坞风情、货通天下、湿地绿岛、沁芳小憩、西门挹爽、水上栈道等景观。

历史文化区建有浮木知舟、船韵流芳、漕运纪事、船载春秋、城墙风貌、堤外人家、十里桃花渡、南门来薰景观。

古运林影区建有运河景观台、荷塘月色、听风林、林间栈道、林中草屋、林地风情等景观。

新沂骆马湖省级湿地公园

江苏新沂骆马湖省级湿地公园总面积51.71平方千米，湿地率99.10%，2006年6月，江苏省林业厅批准建立江苏新沂骆马湖省级湿地公园，是徐州第一个省级湿地公园，也是苏北和淮海经济区规模最大的湿地公园。骆马湖烟波浩渺，碧波万顷，水草丰茂，岛屿星罗棋布，是中国为数不多的国家二级水质湖，空气纯度符合国家一级标准，为华东地区所罕见。骆马湖湿地资源极为丰富，有高等植物239种，脊椎动物300余种。共有鸟类187种，其中，国家一级重点保护鸟类5种，分别是东方白鹳、黑鹳、白鹤、丹顶鹤及大鸨；国家二级重点保护鸟类19种，包括黄嘴白鹭、大天鹅、鸳鸯、灰鹤、红隼等。1989年，骆马湖湿地被收入世界自然保护联盟（IUCN）、国际鸟类保护联合会（ICBP）和国际湿地和水禽研究署（IWRB）编著的《亚洲湿地名录》中。2000年，国家林业局等17部委（局）发布的《中国湿地保护行动计划》，将骆马湖湿地列为中国重要湿地。2021年7月，江苏省自然资源厅对江苏新沂骆马湖省级湿地公园自然资源所有权进行了首次确权登记。

橄榄岛　是骆马湖中的一个小岛，面积11公顷，因岛上曾驻有武警机构而得名。橄榄岛风光秀美，草青水碧、荷红萍绿、菱紫蒲黄、苇絮飘飘、蛙鸣鱼跃、落霞白鹭齐飞，是一处有自然风光，独具魅力的生态旅游胜地。

渔歌岛　位于骆马湖西侧，与环湖大道仅隔一航道，是众多岛屿中与陆地距离最近的，面积18.82公顷，由骆马湖自然景观“渔歌唱晚”而得名。此岛小巧玲珑，安谧宁静，风景宜人，是湿地公园的管理服务区和重点游览区。

4 文润窑湾

窑湾，承载了一部流淌千年的水文化史。

文明的发展，从有水的地方开始。中国大运河，流淌的是中华文化，传承的是中华文脉，其沿线历史文化名城、名镇、名村的沧桑变迁，是一部浓缩的人文史。处于京杭大运河黄金分割点上的窑湾，就是散落在运河古镇中的典型代表。纵观窑湾的发展，从起源、到聚落、到迁移、到灾害战争，再到繁荣和交流，这一切，都是在河流中孕育、滋养和发展的。水是窑湾最鲜明的自然与人文符号。流淌不息的千年运河水，哺育和造就窑湾最具魅力的商贸、建筑、文学、饮食、民俗风情，成为运河文化长盛不衰的重要载体，散发着无穷魅力，影响着当地经济社会的发展。

窑湾，也承载了一部生生不息的南北文化交流史。

在中国南北文化交流与融合史上，窑湾扮演非常重要的角色，其显性的运河文化特征，成为大运河文化研究的重要内容。

城门　窑湾镇政府　供图

从地理维度看，窑湾位于大运河文化带的核心地区，也是运河文化遗址密集的地区。与一些地域文化相对封闭不同，窑湾运河文化一直是动态的开放系统，内部和外部循环流动、交流，其特殊的水运枢纽地位，是沟通中国北方政治中心和南方经济中心的纽带，是研究南粮北运、商旅交通、军资调配、水利灌溉文化的“活化石”“活文献”。“南方”漂来的吴侬软语，“北方”走来的京腔京味，在这里碰撞融合，构成多元化的地域文化景观，是汇集交通、水利、地理、历史、生态等诸多方面的文化长廊。

窑湾，承载了一部农耕文明迈向工业文明的演进史。

窑湾古镇，因水而兴、缘水而发，得运河漕运枢纽之利，四方豪商大贾鳞集麇至，富甲苏鲁地区。这里有过运河、沂河、骆马湖三水汇集的共鸣，有过“日过桅帆千竿，夜泊舟船十里”的漕运繁华盛景，有过商帮会馆和欧美通商代办处，有过近代民族工商业的雏形。“小上海”的雅称，让这里的民众冲破传统农本思想的束缚，第一次清楚地认识到“商能致富”“商胜于农”，从而初步确立“经世致用”的价值观念和“义利并重、工商皆本”的商业思想。直到今天，这里的人们依然坚守着最初的商业精神——吃苦耐劳、勤俭敬业、以义取利、诚实守信。

地域文化

窑湾建筑文化

商帮文化

中运河开通后，大运河与骆马湖交汇处的窑湾，扼南北水路之要津，全国各地的商人纷纷向窑湾聚集，南方福建、江西、安徽、江苏的苏镇扬等地域，北方山西、河南、河北、山东等地域，均有较多商人进入窑湾经商。商业经济迅猛发展，竞争激烈，作为维护经济发展环境和秩序的需要，以亲缘和乡谊关系相结而成的商帮应运而生。在康熙年间及之后，窑湾古镇先后建成山西、苏镇扬、安徽、福建、河南、江西、山东、河北八个会馆。会馆是商帮的标志性建筑，也是某一地域商帮形成并成熟的标志。商帮文化，是窑湾古镇最为鲜明的大运河文化特色，大运河沿岸商业城市不计其数，许多城市商业规模巨大，但商帮文化却远没有窑湾古镇这样鲜明。各种地域文化借助大运河纽带和商帮传递，在窑湾交流融会，形成独具特色的、具有包容性和统一性、凝聚力和向心力的窑湾文化特色。

由于商帮的作用，各地客商自成体系，发挥商帮经营优势，规避内部恶性竞争，增强外部竞争力，争取利益最大化，同时也形成行业自律，给予其他各帮充分经营空间，形成均衡繁荣的商业特征。山西商帮的经营以金融业为主，全镇13家钱庄、2家典当铺大多由山西人创建经营。福建商人以烟丝经营为主，仅吴家烟丝就有5家分店。苏镇扬商人则先后开办五洋公司、美孚石油公司，主要经营日用品。江西商人经营7家药铺，中成药远销上海、北京等各大城市。山东和安徽商人经营码头货船生意，并设有镖局。河北商人经营牛骡等大型牲畜。河南人则从事贩运、开作坊。各商帮之间还相互融合，形成粮行、盐帮、船行等行帮组织。清光绪三十四年（1908），窑湾还成立邳宿窑湾商会，协调各商帮之间的关系，处理经济事务，维护窑湾经济的稳定。

建筑文化

在窑湾，一街之内可见来自全国各地不同风格的建筑，堪称古代建筑史上的奇观。

建筑群　张景文　摄

窑湾的建筑风格各式各样，既不同于北方的四合院，也不同江南的小桥流水，在窑湾既能够看到北方建筑的沉稳大气，也能看到南方建筑的秀雅精致。山西建筑住房布局结构严谨，稳实厚重，宅基宽大，地势一级低过一级，呈现山西古建筑特色——“天井院”，喻示财源滚滚往里流。福建人住宅仿南方园林式建筑，整体砖木结构，青砖小瓦，院落宽大。吴家大院有三进院落，是古镇保存最为完好的古宅院。苏镇扬人住宅注重室内装饰，木格扇花隔墙，灵巧秀雅。但不论哪种建筑，都十分讲究精雕细刻，木雕、石雕、砖雕这“三绝”，几乎家家户户都可以看到。窑湾商人的经济实力不仅体现在盖房上，更是体现在这些雕刻之中。此外，窑湾还有大户人家所建北京四合院构造、欧洲宫殿式小洋楼，天主教堂则为典型欧洲哥特式建筑风格，形成窑湾古镇丰富多彩的建筑特色。走进窑湾古镇，如同走进明清古建筑文化博物馆，有“两汉文化看徐州，明清建筑看窑湾”之说。

宗教文化

窑湾古镇的宗教，体现出多元化特色。不同地域的商人，有着不同的宗教信仰。不同地域的庙观，被商人带到窑湾。窑湾古镇的八大会馆，在承担聚会、议事、接待等功能的同时，也承担庙观功能。在八大会馆里，山西人建有关帝庙；福建人建有天后宫，朝拜妈祖娘娘；苏镇扬人供奉孔圣和门神秦琼、尉迟恭；江西人建有真君殿，供真君像；山东人供奉孔圣，建三义庙，拜刘关张；安徽人供奉如来佛、菩萨观音；河南人建有河神庙。此外，各个行业都还供奉着自己行业的祖师爷。所以，窑湾古镇庙观众多，还有天主教、耶稣教、伊斯兰教等宗教场所，宗教多元化的特色十分突出。

军事文化

窑湾古镇地处河防要津和水运要道，承载着重要的军事职能。早在秦汉时期，就是军屯之地。唐宋时期，是军防要地。明清漕运兴盛时期，“镇防一体、城河一体”，军镇卫戍职能日益凸显。清道光年间，为抵御外敌，窑湾举人臧纡青依古军事设施和地形，布设营建“奇门遁甲八卦迷宫阵”，筑城门、修城墙、挖护城河，同时建12条深巷（十二地支）、7座北斗式哨楼（七星）和10座炮楼（十天干）。每座炮楼，白天用八卦旗作旗语指挥，夜晚用八卦灯作灯语指挥作战，称为

山西会馆 仲秀梅 摄

哨楼 仲秀梅 摄

苏镇扬会馆酒店 窑湾镇政府 供图

“运转天盘”；地面商团兵丁随着炮楼指挥作战，称为“运转人盘”；地面狭长弯曲的街道和深巷地形构成迷宫，使敌人迷失方向，称为“运转地盘”。天地人三盘，在孙子兵法上称为“三才阵”。至2021年，窑湾保留和修复军事建筑，大小哨楼、过街门、城门、炮台等有33处之多，许多民用建筑，也都具有军事用途。如一些商铺民居中都设有哨楼，一些小巷两端设有铁门、铁锁和射击孔等。许多历史遗迹景观都具有军事建筑的性质，如北门锁钥、来薰门、中央炮楼等。

医药文化

明末清初时，江西籍名医俞昌、宗柏云、赵学敏等人云集窑湾。他们开堂行医、经营药店，著书授徒，声名远播，多有数百里外慕名前来求医的病患，窑湾医药文化盛极一时。抗战前期，窑湾有名医宗义辉、俞汇武等10余人，诊所药店20余家。江西会馆是医药文化的集中体现，设真君殿供奉道教正一派祖师许真君金身坐像，有孙思邈、扁鹊、张仲景、李时珍、葛洪、华佗等药圣及道家仙人的浮雕，徐真人驾鹤、太上老君炼丹等壁画。医药名家赵学敏融汇各家精华，结合临床经验，编撰《串雅内编》《串雅外编》《本草纲目拾遗》《膳食谱》等医学著作，在中医药史上占有重要地位。

民俗文化

窑湾古镇的民俗文化深受大运河文化的影响，体现出丰富多彩、地域交融的特色。民间文艺方面，有地方戏曲（柳琴、梆子、豫剧等）、皮影戏、传统杂技、鼓书琴书、旱船表演、舞龙、民间腰鼓等，柳琴、梆子、豫剧等戏曲形式，具有苏北、鲁南、河南特征，鼓书、琴书极具苏北鲁南特色，皮影戏为正宗山西韵味，传说《十大巧女》颇具江南风味，巡街打更、抛绣球、茶馆扬琴、水龙会等民俗形式，经各地文化融合，形成浓郁的古镇特色。

夜猫子集市是窑湾特有的商业民俗文化，来自全国各地的商人在夜市里交易，各种经营和生活方式得到充分交融和展示。

文化保护传承

大运河国家文化公园窑湾核心展示园

窑湾古镇纳入国家大运河文化带建设战略。2020年5月12日，省政府发行大运河文化带建设专项债券，规模23.34亿元。其中，包括窑湾大运河文化展示园、新沂骆马湖退圩还湖2个重点项目。新沂制定《江苏省大运河文化旅游发展基金新沂市子基金设立方案》，基金规模3亿元，主要用于大运河新沂段保护、传承、利用和开发等。先后编制完成《窑湾镇历史文化名镇保护规划》《江苏窑湾历史文化街区保护规划》，明确国家文化公园、文化旅游长廊、生态长廊、城乡品质提升等四大类25个重点推进项目，推动文化遗产保护标准化、规范化。窑湾大运河国家文化公园的功能定位：中运河段城河共生聚落文化、物流天下商贸文化、南北漕运船工文化、多元交融地域文化的集中展示，活态传承的核心展示园。大运河文化窑湾核心展示园项目，总投资约30亿元，从水上旅游开发、窑湾历史建筑群修缮工程、旅游服务设施、大运河文化集中再现工程四个方面着手，实现窑湾古镇向全面多维的古镇、运河、骆马湖湿地文化旅游景区的转型。

文物保护

国家级文物保护单位　2006年5月，大运河徐州段被列为全国重点文物保护单位。大运河徐州窑湾段全长15千米。2009年以后，先后投入16亿元，对窑湾古镇遗存古迹进行保护性挖掘和修葺，修复古建筑1600多间，面积5.2万平方米，形成西大街、南大街、运河大堤、中心河四大景区数十处观景点，重现水乡风情的历史文化特色街区，构筑“没有围墙的历史博物馆”，展示出生动多彩的运河文化风貌。

省级文物保护单位　2006年6月，赵信隆酱园店被列为江苏省级文物保护单位。赵信隆酱园店由镇江籍商人赵金鳌始建于康熙年间，占地2000平方米。2009年，对赵信隆酱园店进行修缮。2010年，赵信隆酱园店作

民俗史话馆 窑湾镇政府 供图

为工业旅游景点对外开放。

市级文物保护单位　宝丰萃典当铺、元升典当铺、徐家大院、山西会馆、吴家大院、蒋家大院、庄家大院、苏镇扬会馆、三清观等9处古建筑文物被列为市级文物保护单位。2009年以后，对9处古建筑建立保护范围和监控地带，进行修缮，加以保护。

文物征集　2009年起，共挖掘、搜集、整理大小碑、匾、坊、拱等60余尊，主要有："禁收落地税"碑、"崇俭桥记"碑、记事碑、功德碑、贞洁碑、戒赌桥碑以及"紫气凌虚""天后宫"石刻等，存放、展示在民俗史话馆内。这些文物对稽考昔日窑湾商贸、宗教、民俗、历史文化及人文景观具有重要意义。

运河文化挖掘

2014年4月始，启动窑湾古镇文化遗产解读工程，对沿线的文物、古迹、历史遗存统一标识，推动文化遗产保护标准化、规范化。成立新沂大运河文化研究会、窑湾文化研究会，聘请知名专家学者，挖掘运河记忆，对窑湾古镇承载的商贸文化、码头文化、饮食文化、红色文化和历史人物等进行系统挖掘和整理。加强对柳琴戏、剪纸等传统民间艺术的传承和弘扬，提炼新沂运河文化独特基因与精神内核。共整理运河文化文史材料25万字，搜集历史珍贵图片百余张，出版《运河商都水韵窑湾》《运河畔上窑湾人》《古镇窑湾》《窑湾往事》等一批专著、论文，编辑大量历史民俗文化资料。2008年以后，搜集整理《戒赌桥记》碑、《戒烟桥记》碑、《崇俭桥记》碑、马从凯墓碑、周儒人烈节碑、陆继周墓碑、华棠小学首届毕业生纪念碑、兴学纪念碑、“紫气凌虚”额匾、“天后宫”门匾、禁收落地税告示碑、李孺人碑记、臧增顺墓碑、窑湾商会会碑等碑匾资料。

文化氛围营造

文化艺术表演　2011年1月，窑湾古镇景区成立艺术团，专职从事文化艺术表演，演艺内容以地方民俗文化艺术为主，每年创作编演文艺作品数十部，形成常态化表演。景区主要的表演场所有：窑湾大剧院（东当典内）、扬琴曲艺演出馆（中大街）、皮影剧

大运河诗歌会　仲秀梅　摄

场（山西会馆内）等。主要表演形式有：鼓书演唱、琴书表演、地方戏曲、小品、相声杂技魔术、皮影戏等。主要表演节目有：琴鼓联唱《夸窑湾》，扬琴戏《界牌楼审案》，柳琴戏《打蛮船》，小品《二斤羊肉》，相声《清清骆马湖》《运河赏景》《典当往事》等。街头表演主要有：舞龙、民间腰鼓、旱船、抛绣球等，经常举行大型"篝火晚会"。景区内经常在街区组织行为艺术表演，主要的行为艺术有：活体雕塑、拉洋片、衙役巡街、更夫打更、卖货郎、戗刀磨剪、官老爷巡街、樵夫、大花轿、糖葫芦、老剃头匠。周末与节假日，行为艺术常态化。

文化艺术展示　2009年始，景区设立"窑湾美术馆"和"吴宇程书画民俗展示厅"；常年设新沂市本土知名书画家艺术展，不定期举行名家书画、盆景、工艺等艺术展。古镇街区和大运河风光带有雕塑小品数十处。

文旅节庆活动　景区每年举办和承办大型文化活动，强化景区文化氛围。连续多年承办中国·新沂环骆马湖自行车公路公开赛，举办文博会、窑湾美食文化节、大学生音乐节、运河城市柳琴争霸赛、曲艺艺术节等活动，弘扬窑湾独特的地域文化、商贸文化、船工文化、红色文化。2020年，中国·窑湾大运河文化节在窑湾古镇举行，活动历时60天，期间举行古镇寻宝、水上嘉年华、大运河文化专题研讨会、书画窑湾、诗歌之夜等一系列文化和旅游活动。

影视文艺

景区与影视制作单位合作，先后在窑湾古镇拍摄的电视剧和微电影有《到窑湾——龙鼎风云》《村支书》《王翠花和王翠娥》《小镇大法官》《龙鼎风云》《蛩音》《窑湾酒娘》等。电视纪录片《一条河，一座城》《地理中国——解密窑湾》《闻香识古镇》《运河古镇窑湾》《记住乡愁"窑湾古镇"篇》等。先后合作的旅游文化、美食类栏目有：CCTV7《乡约》、央视栏目《行走中的餐桌》、南京电视台旅游栏目《跟着大脚走》、《旅游卫视》（樊少皇行走窑湾）、CCTV3《文化大百科》、上海美食栏目《行走中的美味—窑湾船菜》、北京旅游卫视《百年巨匠》等。讲好讲活运河故事，提高了窑湾古镇的知名度和影响力。

非物质文化遗产保护

窑湾绿豆烧

2007年，“新沂窑湾绿豆烧”被徐州市人民政府列入第一批徐州市非物质文化遗产名录，传承人闫志功、颜西广。2011年，华棠绿豆烧酒业有限公司被徐州市文化广电和旅游局认定为徐州市级非遗传习所。2016年1月14日，窑湾绿豆烧酒制作工艺被江苏省人民政府列入江苏省级非物质文化遗产代表性项目名录，华棠绿豆烧酒业有限公司被认定为项目保护单位，传承人颜西广。

赵信隆酱园店

2013年，新沂窑湾甜油被徐州市人民政府列入第二批徐州市级非物质文化遗产名录，赵信隆酱园店被认定为项目保护单位，传承人章华。

赵信隆酱园店　窑湾镇政府　供图

诗词撷萃

（明）钱谦益

舟发洳沟

舟子招招发棹歌，新秋佳日似清和。
浪花聚处团云影，菰叶开时剪水波。
掠燕当风成曲折，惊鱼没藻起盘涡。
濯缨自与清淮约，不用临流叹浊河。

注：钱谦益（1582—1664），明末清初诗坛盟主之一。

（清）爱新觉罗·玄烨

经邳徐界上

泗水通淮泽，坡陀认马陵。
经过怀十载，户口几新增。

宿迁

行过江南水与山，柳舒花放鸟缗蛮。
明朝重至邳徐路，凤阁龙楼计日还。

注：爱新觉罗·玄烨（1654—1722），即康熙帝。

（清）爱新觉罗·弘历

运河

厺犹经古县，窑口溯新湾。
堤上看流注，云边辨往还。
舳舻期用涉，名利孰长闲。
忧隐黄淤后，瀹疏策正艰。

堤上偶成

宿迁迤逦接桃源，泽国观民鲜饱温。
侍卫囊金分赐与，惭无暇计子舆论。

注：爱新觉罗·弘历（1711—1799），即乾隆帝。

（清）张鹏翮

骆马湖

环山浪势拍天浮，烟锁长堤万象收。
淮水北吞黄水入，汶河西带洳河流。
归风引棹千秋月，落日低帆两岸秋。
寂寞楚歌人不见，嗷嗷鸿雁渡沙洲。

注：张鹏翮（1649—1725），四川遂宁人，清代名臣、治河专家。康熙三十九年（1700）任河道总督，主持治理黄河年间，随皇帝游历下相（今宿豫）项王故居和皂河骆马湖。

（清）詹士衡

秋日赴堰头舟过窑湾

条条疏柳覆离亭，一叶孤帆去不停。

野水几家渔子舍，花山半壁写生屏。

波平雨亦跳珠白，秋老天都压地青。

惟有马陵情甚重，碧云相送过严扃。

注：詹士衡，字宝铨，增生，著有《印雪樵人诗》。

（清）王相

十月八日北赴窑湾舟次宿迁夜宿感怀

此行非复旧时同，乡月凄凉上短蓬。

漫认巢痕成去燕，翻添旅思是宾鸿。

朋游历历来心曲，墟里依依到眼中。

怪底中年情易感，霜华新人鬓丝笼，

注：王相（1789—1852），字惜庵，清中叶宿迁著名收藏家，著作家，著有《友声集》。

（清）张六吉

暮春与诸生赴府试舟过窑湾

垂杨两岸尽啼莺，赤水绿波十里平。

若问清州何所在，一蓬烟雨送书生。

过骆马湖

茫茫浊浪远连天，昔日麦田今水田。

农者无聊垂钓去，催租犹索卖鱼钱。

注：张六吉，字柳元，号南坡，江苏新沂港头人，生卒年不详，生活于道光至光绪年间，光绪七年（1881）贡生，先世居江苏句容，明末迁居窑湾，曾设馆于窑湾、皂河，著有诗集《耕书堂诗集》。

运河琴书

又称山东琴书，是流行于苏北鲁南运河两岸的说唱艺术，已有200多年历史，以其优美、高昂的唱腔深受听众喜爱。据沈德符《万历野获编》记载：“嘉隆间，乃兴‘闹五更’‘寄生草’……之属，自两淮以至江南。比年以来，又有‘打枣竿’‘挂枝儿’二曲，其腔调约略相似。则不问南北，不问男女，不问老幼良贱，人人习之，亦人人喜听之。以至刊布成帙，举世传诵，沁人心腑。”可见运河琴书是老百姓喜闻乐见的曲艺形式。窑湾古镇有运河琴书艺人李修春夫妇常年在老街茶馆里演唱，传播这一古老而富有魅力的民间艺术。

柳琴戏

柳琴戏是地方传统戏剧，列入第一批国家级非物质文化遗产名录。柳琴戏已有200余年历史，分布于苏、鲁、豫、皖四省地区，因其唱腔有拉魂动魄的魅力，极为人们所喜爱，故民间称其为“拉魂腔”。20世纪50年代初，就其主要伴奏乐器“柳叶琴”，始正式定名“柳琴戏”。新沂的柳琴戏被称为东路柳琴，是江苏柳琴戏的一支，最早可追溯到清乾隆年间，由清乾隆五十四年（1789）三圣公（丘、葛、张）中的丘门祖师传承下来，在新沂经过七代传承延续。东路柳琴主要在新沂市及周边地区传唱。

窑湾地处运河水运要津，为南北两大派系剧种交汇、流经之地，对柳琴戏唱腔的渗入影响颇大，唱腔既有南方剧种的柔美低回之美，也有北方剧种的阳刚粗犷之气。民间仍流传有“三天不听拉魂腔，吃饭睡觉都不香”的民谚，可见观众对柳琴戏的喜爱。

运河琴书　窑湾镇政府　供图

传统工艺

木雕

清初，由苏州、福建商人传入，后分为苏州、福建和郑氏三大派。窑湾木雕工艺善于运用多种手法，技术精湛，工艺严谨细致，多为人物、山水、花鸟，题材广泛。或粗犷浑厚，或温婉细腻，风格多样。广泛运用于宗教场所、商业机构、家庭装饰等各个方面。清中叶以后，窑湾余氏、郝氏两家木雕艺人技艺最为突出，世代传承，至今仍有多名传人。

竹雕

清初，由江西、安徽、苏镇扬籍商人传入。窑湾毛竹由南方运入，南方商用毛竹制作笔筒、文具盒、茶叶盒、梳妆盒等日常生活用品和器具，并在各种商品上雕刻人物、山水、花鸟，诗词书法等。窑湾人文荟萃，竹雕文化气息浓厚，被广泛运用于会馆、商铺、家庭等场所。至今窑湾仍有竹雕传人，竹雕工艺被应用于各种旅游商品。

铁画

清初，由安徽商人传入。在安徽会馆后院供奉如来佛塑像，神台前二尺高铁栏杆为铁荷花图案，图案中间有“南无阿弥陀佛”六个正楷铁字，这是窑湾最早的铁画。窑湾铁画技法粗犷、奔放、刚中有柔、苍劲有力。清末民初，窑湾最著名的铁画艺人是南大街徐家巷的铁匠贾麻子，他擅长制作松、竹、梅、兰等铁画，形神兼备，浓淡相宜，被远近誉为神技。窑湾现有刘、颜、李三家铁艺工坊，生产不定型铁制品。

烙画

窑湾烙画出现在清康熙时期，亦叫“烫画”“火笔画”。早期出现在筷子、尺子、木梳子等小日用品上，后在会馆定制产品烙印商标记号，发展到在家具木器上烙制商标、书法字画等。窑湾烙画，古朴典雅、别具一格。窑湾历史上有名气的烙画作品有臧雪楼举人家松、竹、梅、兰挂屏，马从凯将军家全套烙画家具，江西会馆和福建会馆的全套竹制烙画家具等。窑湾烙画艺术传承人“古运轩”姚顺喜等人的烙画技艺纯熟，作品具有窑湾民俗特色。

剪（刻）纸彩灯

清初顺治年间，受“明史案”等文字狱的牵连，一批文人艺人从江南逃难隐居窑湾，将剪（刻）纸工艺带入。清康乾时期，剪（刻）纸艺术在窑湾普遍流传，清末民初最兴盛。窑湾的剪（刻）纸式样繁多，有窗花、灯花、喜花、礼花及鞋花、帽花、帐帘花、枕头花、胸襟花等，在剪刻形式上又分有单色剪纸、彩色剪纸、熏烟剪纸等。中华人民共和国成立后，窑湾先后有8家扎彩店和民间艺术店，其中以周庆恩、马玉才名气最高。周庆恩外号“小能人”，精通扎、裱、书、画、雕、剪等技艺，其传人张同才的剪纸和灯艺品也多次在省市比赛中获奖，被中国民间艺术家联合会评定为民间艺术家。

竹编

清初，由福建帮、江西帮、苏镇扬帮传入并经营。竹编材料由江南运入，竹编艺人编织成各种生活用品和工艺品出售，竹编制品种类繁多，体制大小不同，花色各异，部分制品以竹雕、烙画装饰，文化韵味浓厚。窑湾竹编工艺历代传承，1949年以前有竹编艺人10多家，现有竹编工艺传承人多人。

草编

窑湾骆马湖出产大量蒲草，本地人用蒲草编织蒲席、蒲床垫、蒲鞋，蒲蓑衣、蒲包、蒲扇等各种生活用品，或杂以其他草料，形成花色。蒲扇或有加以烙画，形成艺术情趣。编织品供自用或出售，精致的扇、包或作礼品赠送。

芦苇编

骆马湖出产芦苇，本地人用芦苇编织芦席、斗笠、背篓、粮囤等生活用品，除在本地出售外，还销往外地。

柳编

窑湾河湖岸边和地边出产杞柳，本地人用来编织筐、篮、箱、盒、簸箕等各种各样的生活和生产用品。20世纪80年代后，编制精美的窑湾柳编制品打入国际市场。现在的柳编制品还在人们生活中广泛应用。

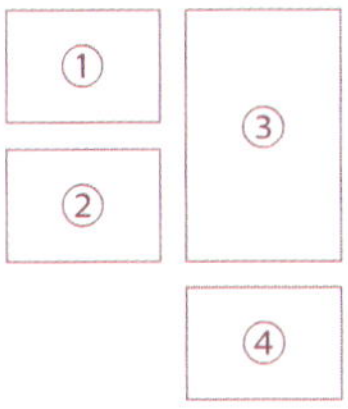

① 竹编　窑湾镇政府　供图

② 柳编　窑湾镇政府　供图

③ 烙画　窑湾镇政府　供图

④ 剪纸　窑湾镇政府　供图

古镇之旅　李树军　摄

5 乐游窑湾

1915年的一天，上海黄浦江畔，一位名叫陆文椿的晚清举人，会同家乡窑湾商人与英、法、美、荷、比五国商人签订用粮食换取工业产品的商业协议，开创民间出口贸易的先河。一来一去之间，一种与农耕文明截然不同的商业文明形态就此在窑湾诞生。商贸业的兴起，为这座苏北运河古镇带来滚滚财富。

明清以来，运河漕运的兴起，带来南北文化的交流与融合，窑湾在其中扮演着十分重要的角色，是研究城河共生聚落文化、物流天下商贸文化、南北漕运船工文化、多元交融地域文化的“活文献”“活化石”，是中国大运河重要文化地标。

窑湾得漕运之利，富甲一方，有过“日过桅帆千杆，夜泊舟船十里”的繁盛景象。明清时期，南粮北运，皆由此通过。咸丰《邳州志》记载：“窑湾集，毗连宿迁，漕艘停泊重地。”漕运鼎盛时期，窑湾设有8省会馆，10省商业代办，钱庄、当铺30家，商号作坊360余家，7个国家的外国人在此经商。

窑湾商业兴盛发达的背后，是雄厚的金融资本。清末民初，窑湾有钱庄、当铺30家，由晋商开设的“元升典”“宝丰萃”两家典当行规模最大，俗称“东当典”“西当典”。其中，“东当典”兴盛时拥有资本银20万两。这些钱庄当铺开出的票据可以在全国18个省兑换现银。

窑湾布局独特，其三面环水的格局酷似江南，古镇的建筑群呈“S”形的八卦形态，民居则多呈“弓”字形三进院落，屋连屋、巷连巷，纵横交错、迂回曲折，体现街巷幽静、宅深院大、过街楼碉堡式的特点。因战乱灾害损毁，古镇仅保留两条比较完整的古街道，存有800余间古民居群。一街之内可以见到来自全国各地不同的建筑风格，堪称古代建筑史上的奇观。其中，苏镇扬会馆是江南水乡风格，青石街道两侧楼檐出厦，用工用料考究；福建客商宅院以吴家大院为典型，南北长80米，东西宽20米，四进院落，窗户高且小，院落紧密，建筑结构具有闽南防台风、防暴雨的功能；山西人的建筑布局严谨，呈现出门窗小、庭院小的天井院特色，且门窗上沿皆为半圆结构，窑洞的痕迹依稀可见。不论哪种建筑，都十分讲究精雕细刻，木雕、石雕、砖雕堪称“三绝”，形胜之美称于江淮。

窑湾五奇

鸡鸣三县　窑湾古镇位于宿迁、邳州、睢宁三县交界处，窑湾鸡叫，三县都可以听到，故称“鸡鸣三县”。

一镇二县　窑湾历史上虽然是一个集镇，但却是一镇两辖。自汉代起是下邳和海州交界的乡村圩集。唐代时在沂河西岸设隅头镇，属邳州。清康熙八年（1669）发生大地震，隅头镇沉陷，居民迁入南2千米沂河东岸的宿迁窑湾口建镇。在东西部之间建有界牌楼，有一条界牌街，街东由宿迁管辖，街西由邳州管辖，故称“一镇两县”。

街天一线　窑湾古街道较窄，仅2.5米宽，而街道长达数里，两侧楼阁交错，举目望天，恰如一线，故称“街天一线”。

日落街南　窑湾街道沿运河岸而建，由东南蜿蜒通向西北，容易给人造成错觉，站在窑湾码头看落日，好像是“日落街南”。

八卦迷宫　窑湾自古为军事重地。明末清初商业繁荣，其环境、街道和建筑的规划建设，充分考虑军事防御的需要。清道光年间，臧纡青等人在窑湾建设中，充分利用军事地形，城门、城墙、街巷、楼房等各种建筑体现出便于攻防隐遁的特点，外人进入，犹如进迷宫一般，人们称之为“奇门遁甲八卦迷宫阵”。

窑湾十景

城楼冰箭　古镇有18座哨楼和城门城楼，严冬雪后放晴，融化的雪水顺着楼檐流下，犹如长剑倒悬，十分壮观。

古刹晨钟　古镇有三义庙等庙宇，各有钟鼓楼，每日凌晨钟声报晨，声震渺远。

夜猫集市　窑湾古镇独有的传统集市。每夜三更天古镇城门开放，商贩船民进镇交易，门店摊点灯火通明，天明时各种经营交易基本结束。这种夜间经营天明即散的“夜猫子集”兴于明末清初，历史悠久，成为古镇的独特景观。

云龙吐雾　古镇有一株古槐，枝繁叶茂，高有数丈，树有两大高枝，如虬龙昂首，秋冬多雾时节，虬首探出雾中，恰如云龙吐雾。

教堂塔影　窑湾天主教堂为欧洲哥特式建筑，屋顶塔尖数十米，高耸入云，十里外可见教堂塔影。

银河灯飘　每年农历七月初七牛郎会织女，窑湾居民在大运河、老沂河与后河中举行河灯会，水面上河灯点点，如同银河群星。

运河白帆　站在运河大堤上，可见大运河中船来船往，白帆片片连绵数里不绝。

骆马渔火　骆马湖盛产银鱼、白虾、螃蟹和鳜鱼等，每逢渔汛到来，渔民捕鱼晚归，但见渔火点点，又闻渔歌声声，一派渔家乐夜景。

秦淮画舫　窑湾古镇为运河商贾重镇，许多秦淮歌妓也慕名而来。在沿河处建有秦淮风韵浓郁的画舫水榭，许多名商巨贾、达官贵人和文人墨客流连其间。

三桥印月　每当农历月中十五，后河戒赌桥、戒烟桥、戒色桥在明月映照下，影投水中，桥影月影与天上一轮明月互映，故称“三桥印月”。

窑湾六秀

碧水绕城　窑湾古镇三面环水，南有大运河，西有老沂河，东有护城河，北有小山河，中心还有一条后河，碧水绕城，景色如画，水乡古镇韵味浓郁。

桃柳映街　窑湾古镇有六处渡口，晚清时称十里桃花渡，春天时河岸码头桃红柳绿，古镇风光美不胜收。

楼阁交错　古镇建筑群楼阁林立，檐牙交错，南北交融的建筑风格独具特色。

清波楼影　晴日风静，重楼飞檐，倒映入水，水天一色，宛如天宫。

画船琴韵　夜幕降临，后河中游船画舫，桨声灯影，丝竹婉转，歌曲悠扬，富商墨客，流连忘返。

庭前花锦　窑湾人家庭院，多有山石盆景，奇花异草，追求园林特色，庭前花锦如画。

窑湾四险

哨楼林立　窑湾有军事哨楼18座，还有7座过街哨楼，东西南北城门均有哨楼，另有西当典2座哨楼，东当典1座哨楼，苏镇扬会馆1座哨楼，防御作战互为呼应。故称“哨楼林立”。

四面环水　窑湾古镇四面环水，南有大运河，西有沂河，北有小山河，东有护城河，中有后河，民国之前进街区全靠小船，后来在北门和东门的护城河上建有吊桥，地势险要，易守难攻。

八方炮台　清道光年间，武举人臧纡青曾在窑湾四面城墙上设有八处炮台，威力之大可以毙伤数十米外的来犯者，击沉护城河中的船只，为防守利器。

曲街深巷　窑湾地形弯斜，街道狭长曲折，小巷幽深，院墙高耸，便于奇攻隐遁，外部来人，容易迷失方向。夜晚独行，令人心惊胆寒，俗称“鬼巷”。

窑湾八大会馆

山西会馆

江西会馆

窑湾是大运河流域商帮文化最为发达的古镇。清康熙初年以后，南北方共有20多个省份的商人进驻窑湾经商，形成各地商帮。这些商帮利用亲缘地缘关系，平衡社会关系，维护经营环境，为窑湾的繁荣做出贡献。作为商帮成熟的标志，先后有8省商人在窑湾设立会馆，这在大运河流域的城镇中是独一无二的。古镇的山西会馆、江西会馆、苏镇扬会馆均已修复并对外开放。

山西会馆

位于窑湾古镇西大街中段，坐北面南，原为“关帝庙”，始建于清康熙十八年（1679）。雍正年间，窑湾的山西籍商人集资把“关帝庙”扩修为会馆。道光十八年（1838）重修。整体布局为二进院落，砖木结构，青砖灰瓦，占地4600平方米，内有关圣庙、戏台、东西厢楼、千年古槐等。窑湾山西商人凭借晋商的经营理念，生意不断做大，先后兴办钱庄、当铺、镖局，承揽码头渡口生意等，促进了窑湾的经济繁荣。进入民国后，会馆逐渐败落，至21世纪初，仅保存五间东厢楼、一棵古槐、三块石碑。2009年，山西会馆进行修缮，在原址上恢复修建关圣殿、观音殿、文昌殿、三晋风情、古戏台等。2012年9月，作为晋商文化和道教文化旅游景点对外开放。

江西会馆

江西会馆位于中宁街南段，俗称“万寿宫”，由江西南昌籍商人宗、喻、赵、姚、臧、龚、涂七家合资于清康熙三十七年（1698）始建。整体布局为三进院落，占地3300平方米。前门临街有高大门楼，上嵌青花瓷匾“万寿宫”。门楼两侧九间门面房，经营三千多味中药材和自制的丸、散、膏、丹等中成药，药品远销北京、上海乃至东南亚诸国。前院为明清式四合院，为江西籍商人及眷属居住，兼设一私塾馆。中院设真君殿间，高大雄伟，供奉道教正一派祖师许真君，金身六尺高坐像。殿上柏木柱上浮雕孙思邈、扁鹊、张仲景、李时珍、葛洪、华佗等药圣及道家仙人，

上图：山西会馆　窑湾镇政府　供图　　下图：苏镇扬会馆　窑湾镇政府　供图

苏镇扬会馆

清新典雅，举止传神。南北山墙壁画有徐真人驾鹤、太上老君炼丹等画面。九间二层东殿和六间二层厢楼，为江西客商住宿、用餐、休息、洽谈业务等场所。南北厢楼是馆内七家老板盛放中药材、中成药仓库。会馆院内还设有戏台、园林、鱼池等。江西会馆集建筑、木雕、石雕、砖雕、园林精华于一体，是窑湾古镇规模较大的会馆建筑。江西会馆以经营中药材和中成药为主，兼行医治病，他们医德高、医术精、销药广，经常帮贫助困，为窑湾医药市场繁荣昌盛作出贡献。1931年，江西会馆改为华棠小学。中华人民共和国成立后改为窑湾小学二部，后迁出。2011年，江西会馆在原址上复建、修缮。现为开放景点，内有窑湾大剧院和会馆医药养生经营场景展示。

苏镇扬会馆

苏镇扬会馆位于中宁街南段，坐西面东，由窑湾苏州、镇江、扬州籍商人于清康熙年间合资兴建，四进四合院落，二层砖木结构。一进院落为公司办公地点和仓库。二进院库房，三进院为生活区。会馆临街有门面楼共八间，开设粮行、盐行。1915年后，由苏州帮、镇江帮、扬州帮商人合资兴建的祥记煤油公司即“五洋公司”和多家商人与美商合资的“美孚石油公司”“亚细亚石油公司”，办公地点也都设在会馆内。苏镇扬会馆以城乡商贸为主，把国外洋货如缝纫机、自行车、手电筒、电池、煤油、火柴、红白糖、洋布、洋袜、洋盆以及国内江南大米等，从南方经水路运到窑湾，批发兼零售，市场辐射徐州、枣庄、海州等地，再将本地收购的粮食、土特产及干鲜果品南运各大城市和国外销售，贸易十分兴盛。中华人民共和国成立初期，曾在会馆设区公所、文化站。20世纪60年代初，改办窑湾小学校等。2014年8月，苏镇扬会馆在原址上按原貌复建、修缮后，作为苏镇扬客栈和旅游园林景观对外开放。

福建会馆

福建会馆俗称“天后宫”，位于回民街中部，由福建籍吴、陈、李、郑等姓商人于清康熙初年合资兴建。会馆坐北面南，三进院落，砖木结构。临街门面五间瓦房，中间为朱红大门过道，门楣上方嵌有“天后宫”石匾，夕阳斜照，金光熠熠。前院围墙甬道种植景观植物，中院二层堂楼为福建客商落脚办事之处；上层中间为戏楼，有东西厢楼，西厢楼称“望月楼”。后院正堂为“天后宫”大殿五间，供奉天后妈祖金身塑像，东偏殿供孔圣像，西偏殿供奉关公像。另有东厢楼五间。

据传，清乾隆三十年（1765），乾隆第四次“南巡”经宿迁，同纪晓岚微服私访来到天后宫“望月楼”，品酒吟诗。窑湾福建籍商人主营烟丝，产品远销徐州、济宁、海州、南京、上海等地。吴洪兴烟丝店老板吴宝亭民国初有5家烟店，置有楼房500多间，号称“吴半街”。

安徽会馆

安徽会馆俗称“佛爷殿”，又称“典礼公所”，位于古镇东部，由安徽籍余、张、江、王、唐、巩、纪七姓家族于清康熙年间集资兴建。会馆坐南面北，三进院落，砖木结构，前门面房二间，朱漆大门，中大殿三间，供奉地藏王像，后院大殿三间为“佛爷殿”。大殿东西各有跨院，为园林景致。东西各有厢房三间，为会馆主事、镖局押镖人员、安徽籍商旅起居生活、聚会、议事场所。安徽商帮主要是加入“反清帮”组织的船帮，帮主领导船民在南码头从事粮食和食盐转运生意，馆内开设镖局。清乾隆五十三年（1788），在这里发生著名的“打蛮船”事件，会馆暂停运营。至嘉庆年间，“打蛮船”事件平反，“反清帮”被招安后改为“安清帮”，安徽会馆重新开始运营。清道光三年（1823），安徽会馆押镖银十万两去福建，被土匪截杀镖头，劫走全部镖银，安徽会馆一蹶不振。1930年，安徽会馆挂牌“典礼公所”。

山东会馆

山东会馆俗称“三圣庙”，位于古镇新盛街北段来薰门下。清康熙初年，山东滕县郭、池、刘三姓客商家族落户窑湾后，集资兴建三义庙，为泥土垛墙，茅草缮屋。清康熙五十二年（1713），山东籍客商孟、颜、李、胜、马、田六姓家族合资把三义庙改建成三圣庙（孔圣、关圣、医圣），即山东会馆。会馆三进院落，青砖小瓦，砖木结构。西院中央建有“孔圣殿”三间堂楼，供奉孔圣像；东偏殿供奉关圣像，西偏殿供奉医圣张仲景像。南楼三间，供镖局押镖人员饮食起居之用。中院中央大雄宝殿有“三义庙”，供奉刘、关、张。

山东商帮性格豪爽，尊孔崇德，守信用，讲义气。在古镇主要经营车船运输，生意兴隆。会馆内设镖局，维护渡口、码头、商船、商民的生命财产安全。清乾隆五十三年（1788），因“打蛮船”事件和安徽、河南会馆一同被朝廷查封，嘉庆年间平反后重新经营。

河北会馆

河北会馆俗称薛仁贵庙，位于江西会馆后门河东岸，由河北籍商人于清乾隆年间集资兴建。会馆坐北面南，青砖小瓦。会馆内东旁两排南屋，每排四间，小瓦房，为仓库；东楼6间为河北老乡议商、聚会、生活之处；院西四排草棚供拴牲口之用。正大殿为薛仁贵庙，殿内供奉唐初名将薛仁贵坐像。河北会馆内的河北、东北商人，以贩卖牛、驴、骡、马、骆驼等牲口为业。他们把北方的牲口运往窑湾交易，满足周边地区运输业的需要。清同治九年（1870），窑湾牛骡瘟疫大流行，几乎死亡殆尽，牛骡市场关门，之后重设大东门外，禁止入城，河北会馆由此关闭。1918年，前清廪生陆文榜等人，在河北会馆创办“敬业”学校。1926年8月，又改为宿迁国立第四小学。

河南会馆

河南会馆俗称“河神庙”，位于前河岸边，西当典后门运河大堤南。明洪武七年（1374），地方民众为祭拜河神庇佑苍生而集资兴建。坐西面东，二进院落，青砖小瓦，砖木结构，占地面积800平方米，圆大门上方书“河神庙”三字，前院三间，南大殿神台上供奉黄河之神——河伯。每年正月十五日，有河神庙会，热闹非凡。康熙年间，河南一批商民落户窑湾，在河神庙前、后院内扩建九间北厢房，为联络、议事、聚会之地。河南商民主要以搬运、镖局、运盐，开铁货店、油坊等为业。清乾隆五十三年（1788），河南籍码头工人、镖局因参与“打蛮船”事件，河南会馆被官府抄封。清嘉庆年间，“打蛮船”事件平反后才恢复。清光绪二十四年（1898），洪水将前河滩上的河南会馆房屋冲塌。之后，迁往徐州云龙山下。

古迹遗存

古街古巷

“七星八卦”是窑湾古镇建设的独特布局，一条呈“S”形的大街，将古镇划成两个半圆，极像太极八卦图，建筑特点不同于北方的四合院，也不同于江南的小桥流水，体现街巷幽静、宅深院大、碉堡式过街楼等特点，街巷独特，院舍青砖灰瓦，亭台楼阁交错，形胜之美称于江淮。窑湾古街道青石板铺路，两边店铺对门而开，前廊出厦，中间只有一线可见日月；店铺的后面大都是作坊，呈“前店后坊”的古镇特点。

西大街　位于镇区西段，自西门至中心哨楼，全长600多米，宽2.5—4米，是古镇最为繁华的商业街区。主要的历史遗迹遗存建筑有：宝丰萃当典、天主教堂、山西会馆、赵信隆酱园、大清邮局、吴家大院、庄家大院、徐家大院、民俗史话馆、窑湾战斗陈列馆、万茂酒坊、界牌楼、窑湾商会遗址等。

中宁街　位于镇区南段，自炮楼至“来薰门”，全长430米，宽3—4米，与西大街同为古镇主要的商业街。沿街主要的历史遗迹遗存建筑有：元升典当铺、江西会馆、陆举人宅、臧纡青故居、苏镇扬会馆、蒋家大院、窑湾美术馆等。

后河街　窑湾后河为沂河一支流，自西水门（月牙桥）穿镇而过。全长1300米，宽30米。清至民国时，后河两岸是窑湾综合市场，后河中商艘停泊，白日人声鼎沸，是古镇交通贸易要道，夜晚灯火通明，秦淮歌女，弹筝歌舫，素有“金陵秦淮河”之称。两岸沿街分布杂货行、医院、小学、粮行等，还有露天的牲口、建材，粮草市场等，还有最富特色的夜猫子集市。2009年修复后为窑湾古镇的旅游商业街。

棒场巷　自前河渡口穿西大街，沿“允升六陈粮行”东外墙北行至沂河，全长140米，宽2米。因旧时一度为棒草市场而得名。津渡沂河入邳城、炮车等地，为窑湾古官道之一。

瀛洲巷　俗称“双河巷”。自前河沿“小瀛洲浴池”门前穿西大街过“玄妙观”至沂河。全长190米，宽1.5米。

公盛巷　自前河沿天主堂宅东邻经西大

中宁街　窑湾镇政府　供图

街过街门，再沿公盛涌酒坊（现柳荣祥住宅）西外墙至沂河，全长180米，宽1米。取酒坊名作巷名。

会馆巷　自前河沿西当典西外墙（巷宽3米），穿西大街再沿山西会馆西外墙（巷宽1米）至沂河，全长200米。取其名而作巷名。

杨家巷　自中大街炮楼至后河街炮楼，全长70米，宽4米。清道光年间，为本镇杨姓地界小路，后土地易主，为居民区，而杨家小路改为“杨家巷”。

信昌巷　因紧邻信昌茶食店而得名。自回民街至中大街，全长100米，宽1米。中间设一过街门。旧时因墙高、巷深、路狭，再掺和民间一些离奇传说，令人胆寒心惊，俗称“鬼

北门锁钥　窑湾镇政府　供图

中央炮楼（拐弯炮楼）　窑湾镇政府　供图

巷”，为中大街居民、商人去前河取水、做工、运货等主要通道。

拐弯巷　自拐弯哨楼北楼门通往后河，全长60米，宽2米，津渡后河入“后沙滩街”或“华棠街”。

当典巷　因紧邻“元升典当”而得名。前接中宁街，后至后河，全长120米，宽2米。抗日战争期间，日军一小分队就驻扎元升当典，在这高墙深院内，筑炮楼、设电网，荷枪实弹，戒备森严。无数抗日英雄和平民百姓惨死在这里。为警示后人莫忘国恨，当地居民也称其“日本巷”。

臧举人巷　因北邻举人臧纡青故居而得名。自南大街向西，北折西去过居民区、穿回民街，至恒发祥鸡蛋厂西墙，全长150米，宽2—3米。此巷通往前河沙滩游艺场，因粮库扩建而废。

徐家巷　自前河（大运河）至中宁街，全长170米，宽3米。现仅存100余米。原名“王家巷”，清同治年间，因王氏族长在一次赌博中将其巷输给徐氏，遂改名“徐家巷”。徐氏夫人逢年过节还坐在巷口收过境费。中华人民共和国成立初，巷北徐氏家族牌坊尚存。

陆举人巷　自中宁街向东至后河街。全长125米，宽2.5米。因南邻举人陆文椿故居而得名。

郑家巷　自中宁街至郑家铁匠铺，全长80米，宽1.5米。因西巷口有一家稍有名气的郑秀山铁匠铺而得名。巷北有清真寺，此巷通往前河石码头。

古城防

北门锁钥　窑湾古镇的北门。宋朝时为土城门，清康熙时为砖石结构城楼。长12米，宽6米，高9米。北门为窑湾古镇的交通要道和防守要冲，前有护城河，后院高墙，有一夫当关万夫莫开之说。老北门于1935年9月，被沂河决口冲塌。2011年，在老北门遗址东10米重建。

南哨门　位于中宁街最南端，南面运河古码头，是窑湾的南城门。原名“南哨楼”，宽8米，高9米，砖石结构，四面有门，楼顶上四面各建五个墙垛，叫五行五岳楼，门上方刻文字，南门上方刻“来薰”，北门上方刻“拱辰”，西门上方刻“临流”，东门上方刻“朝旭”。此门用于安全防御，门楼上白天有人站岗放哨，夜晚关闭。2011年，于原址重建。

中央炮楼（拐弯哨楼）　中央炮楼位于景区中心广场，炮楼四面分别刻有东望于海、南瞰淮泗、西顾彭城、北瞻泰岱等字。清道光年间，窑湾举人臧纡青为防御外敌入

吴家大院

侵，主持设计修建大量军事建筑设施，有八方炮台、2米高土城墙、10米宽壕沟和吊桥、军事哨楼18座、过街哨楼7座，哨楼四面都设枪眼。中央炮楼是这些军事设施的指挥炮楼。民国后逐渐荒废。2009年修复。

界牌楼　位于万茂酱园店（现为界牌巷）门前，因地跨邳宿交界而得名。方形，宽5米，高8米，楼顶四面各有五行垛，楼下砌有拱形顶四门，是地界楼，也是军事哨楼。砖石结构，门额刻有“邳宿交界”和“宿邳交界”正楷字横匾。楼下“万茂”前墙镶有20×40厘米“邳宿交界”字样竖碑刻。以界牌楼下的界牌街为界，街西是邳县管辖（现邳州市），俗称邳地，大约占窑湾古镇总面积的四分之一；街东是宿迁县（现宿迁市）管辖，俗称县地，大约占窑湾古镇区总面积的四分之三。2010年于原址重建。

古码头

窑湾码头始建于唐朝，明清时期中运河开通后，窑湾扼南北水路之要津，成为大运河上最为重要的码头和货物集散地，为窑湾古镇带来数百年的兴盛繁荣。旧时窑湾码头有三间四柱木结构牌楼，门楣上方书有斗大四字“窑湾码头”，两边撰联“船中争日月，水上度春秋”，后逐渐衰败损毁。2011年，在原址修建窑湾码头。

古民居

吴家大院　位于西大街，前后三进院落，占地1400平方米，为明式砖木结构楼房，呈明代福建沿海建筑风格，有防台风、暴雨功能，设有防海盗门窗，院落紧凑别致，是窑湾古镇规模最大，保存最为完好的古民居。吴家祖籍福建，于康熙年间迁至窑湾，从事烟丝生意，开设“吴洪兴烟丝店”，建吴家大院，至今有300多年历史。吴家在窑湾经营烟丝，生意十分兴隆，至道光年间，吴家在镇上共有5家烟丝店，置有楼房500余间，被称为“吴半街”。吴家大院2009年9月修缮后作为景点开放，通过场景复原、人物雕塑、实物陈列等还原清末吴家风貌。大院内有烟草展示厅、会客厅、老爷房、公子房、小姐房、佣人房、厨房、库房、私塾、学堂、行

南哨楼　窑湾镇政府　供图

界牌楼　窑湾镇政府　供图

窑湾码头　仲秀梅　摄

上图：吴家大院　窑湾镇政府　供图

左图：徐家大院　窑湾镇政府　供图

右图：庄家大院　窑湾镇政府　供图

衙、车轿等，充分展示清代大户人家的民居民俗特色。

庄家大院　位于西大街界牌楼西南侧，邳县庄楼大财主庄士卿建于清末民初。坐南朝北，二进四合院落，占地600平方米。临街有门面过道，主楼为五间两层砖木结构，面积160平方米，院内有东西厢房6间。外观造型注重装饰，形体高大，整体格局保持苏北建筑风格，是窑湾保存较为完好古建筑。2010年，修缮后对外开放。2016年，内设“窑湾战斗陈列馆”。

徐家大院　位于中大街中段，窑湾布商徐芳轩建于清康熙年间，占地1000平方米，三进四合院落，前院、中院、后院堂楼均为厦檐式二层楼阁，属“前店后堂”的传统格局。后院房屋门窗均有雕花装饰，具有较高的工艺美术价值。存有房屋15间，前排作为门店经营，后院为民俗文化展示旅游景点对外开放。

蒋家大院　位于中宁街南段，坐东面西，窑湾商人蒋荣臻建于1912年，原名“蒋义泰丝线店”，二进四合院落，拱形顶窗户，青砖小瓦，占地800平方米，是典型的前店后坊建筑。前五间门面楼经营出售彩丝线，后五间为生活楼，中间五间瓦房为作坊，用于煮茧、抽丝、纺线、印染，生产的丝线批发兼零售，产品远销徐州、济宁、海州、苏州等地。2010年3月，修缮后对外开放，大院保存原有风貌，建筑古朴归真，园林风光秀丽。大院内设“窑湾美术馆”，展示地方书画家字画和艺术品。

古桥

月牙桥　位于老沂河与后河交界处，始建于清咸丰年间，为单孔石拱桥，外观似月牙卧波，因而得名。解放战争期间毁于战火。2010年，原址复建。在原址出土的原桥遗存石拱，陈列在月牙桥边。

三戒桥　在古镇护城河上有戒赌桥、戒烟桥和戒色桥（后改名“式德桥”），合称三戒桥，建于1931年。三座桥建成后，行人十分方便，且桥名针砭陋习，教化省民，百姓甚为高兴。古镇驻地三桥村，以此为名。后几经战乱，有两座桥坍塌破损，仅有戒赌桥横跨河上，便利来往。2009年，对戒赌桥进行修缮，命名为三戒桥。2021年，修复戒烟桥和戒色桥。

古井古树

窑湾第一泉　位于景区窑湾绿豆烧酒工业园内，始建于明朝洪武年间，是窑湾三大古井之一，每到雨水季节，井水自动上喷，故称为泉。井水甘甜，是酿制窑湾绿豆烧酒的主要取水处。井圈上刻有“大明洪武元年”字样，可见此井之历史久远。

古槐树　位于山西会馆院内，树龄400余年，高17.6米，树围2.92米，树冠直径约16.5米。因树干倾斜度较大，自2009年起，用2根钢架支擎。

古紫薇树　位于老镇政府院内，树龄150余年，树高8.7米，围长0.8米，东西树冠7.8米。

古银杏树　位于窑湾中学院内，树龄250余年，树高19.2米，围长1.94米，东西树冠13.2米。

古皂角树　位于后河北侧华棠桥旁，树龄120余年，树高16.7米，围长1.18米，东西树冠10.2米。

古庙观　教堂

玄妙观　又称三清观，位于窑湾古镇西北角老沂河边，始建于宋代景德四年（1007）。清光绪三十年（1904），被洪水冲毁。1927年，由地方知名人士董宝成、道观主持庄恒远、余怀四等人募资重建。前后大殿各三间，砖木结构，占地800平方米。前大殿供奉灵官像，后大殿内供奉太上老君。

关帝庙　位于西大街山西会馆内。关帝庙始建于唐开元五年（717），相传当地为关羽驻扎地，有关羽拴马的槐树和饮马马槽，朝廷为纪念关羽设关帝庙。清康熙年间，山西帮商人在关帝庙建山西会馆，扩建关帝庙。中华人民共和国成立后，庙宇破败。2011年4月修复，有正殿和东西两个侧殿，是景区道教文化的展示景点。

天主教堂　始建于清宣统元年（1909），当时称为总堂，下辖邳城、土山、睢宁、宿迁、坝头等5所分堂，隶属徐州教区。教堂为

戒色桥　窑湾镇政府　供图

千年古槐　窑湾镇政府　供图

宝丰萃当典　窑湾镇政府　供图

英国工程师设计，欧式建筑风格。当时有大小房屋200多间。1976年，天主教堂被龙卷风摧毁。2012年，在原址上重新修建，新修建的天主教堂集建筑、文化、艺术展示与婚纱摄影、婚庆礼仪、电影拍摄等多功能于一体，成为窑湾古镇一个特色旅游景点。

古碑

禁税碑　立于清乾隆二十六年（1761），落款为窑湾口合镇商民尊示公立碑。2009年，收集整理后，展示立于窑湾民俗史话馆院内六角亭中，是全国独一无二的“禁税碑”。“禁收落地税”碑为青石质，高137厘米，宽52厘米，碑额题写“德遍恩会”四个大篆字，碑文为楷书，计464字。碑文详细记载当时窑湾经济的繁荣昌盛，但是名目繁多的税收让商民不堪重负，窑湾商民把雍正十三年间下诏乡镇一律免征“落地税”这一圣谕镌刻在石碑上，警示当时的官吏禁止乱收“落地税”。这块税务告示碑是珍贵的清初税史文物，也是反映当时朝廷规范税收秩序的重要历史见证。也就是说，早在雍正年间，窑湾就是“保税区”了。

“元升典基石记”碑　元升典（东当典）始建于清光绪十一年（1885）。元升典的四至在地界碑上明确标出，“东至河心，南至臧宅，西至街心，北至巷中”，可见当时大致范围，方知典当业财大气粗。当时规定经营者资本须在2万两以上，期限以30个月为满，当本在50两以下的利率三分，50两以上的二分五厘，百两以上二分至一分七八厘不等。该碑存放展示于窑湾民俗史话馆内。

古钱庄（当铺）

晋商最擅长的是金融业，在窑湾也是如此，窑湾所有的当铺钱庄大都是山西人开的。漕运兴盛时期，山西商人在窑湾经营钱庄13家，如隆记钱庄、元丰钱庄、同道成钱庄等，规模最大的当铺有宝丰萃（西当典）、元升典（东当典）。这些钱庄资本雄厚，经营范围广泛，开出的票据可以在全国18个省兑换现银。

2010年5月，嘉德北京春季《冯乃川收藏纸钞》专题拍卖会上，有一张4055号拍品：清光绪二十六年（1900）江苏宿迁县瑶镇（瑶镇为窑湾镇简称）“丰治通”商号一千文钱票。该钱票颇为罕见，是江苏已发现石印版钱票中时间最早的。

宝丰萃当典　又称“西当典”，位于西大街中段，坐南面北，由晋商曹中美于清光绪三年（1877）创建。临街有门面房九间，中间为过道，四进院落，明清建筑风格。第一、二进院各有二层楼房13间，为银库、库房，办公、生活用房。第三进院为花园。第四进院供佣人住宿和漕运货物仓库。东北、西南角各有一哨楼。总占地面积为1公顷。西当典除经营物品典当外，还经营漕运外埠、货物库存、转运等，生意十分兴隆。1927年停业。中华人民共和国成立后西当典改为窑湾粮库，部分古建筑得以保存。2009年以后，西当典修缮后，作为“中国典当博物馆”对外开放。窑湾典当博物馆是中国较早的典当博物馆，展示面积约200平方米，依托窑湾独特的典当文化，展示窑湾典当业特色和古今典当的发展历程与文化脉络。

元升当典　又称“东当典”，由晋商朱信和创建于清光绪十一年（1885）。坐东面西，三进院落，砖木结构，为典型山西建筑风格，青砖小瓦，大小房屋一百余间。三面围墙，高达8米，东北角设有炮楼。临街门面房

赵信隆酱园店

为营业房。第一进院为会客厅和办公处所，第二进院为日常生活空间，第三进院为银库和质库。东当典生意兴隆，资本雄厚，兴盛时拥有资本银20万两。1938年，窑湾沦陷前，窑湾大部分商人迁往异地，东当典停业。2009年，“元升典”修缮恢复。

同道成钱庄　位于西大街东段中段，坐北面南，三进院落，占地2300平方米。黑铁皮大门，古式雕花门窗，优质杉木楼板，楼房50多间，兴盛于清末民初，开展纸票流通、银钱存兑业务，兼营棉纱、洋布等，是古镇资本规模较大的钱庄之一。2009年修复后作为“窑湾民俗史话馆”景点开放。

古工坊

赵信隆酱园　位于窑湾古镇西大街，清康熙年间，由镇江籍商人赵金鳌创建，成为窑湾规模最大的酱园店，昌盛时期开有分店。其生产经营存续到中华人民共和国成立后，20世纪50年代与其他酱园合并成为供销社酱园。建筑收归国有，由房产部门出租管理维护，建筑得以保存。2007年，由南京大学古建筑系完成整体修复方案。2008年，施工并完成修复工程。赵信隆酱园店占地2000平方米，建筑面积1000平方米，存有房屋30余间，青灰色砖砌，房顶为青砖小瓦，飞檐兽脊，辅以砖雕，饰以滴水瓦当，房梁、椽子多为优质楠木、杉木做成。酱园店为古老的前店后坊的模式，临街四间门市，门两旁有一副对联，上联“黑酱自黑非墨染”，下联“甜酱微甜是蜜香”。酱园主要生产甜油、醋、豆瓣酱，以甜油最为出名。窑湾甜油选用黄豆和面粉经过加工发酵后放入缸内，加入水和盐，经过210天的日晒夜露，制作而成的甜油酱香浓郁，浓稠黑亮，鲜美爽口，集鲜、甜、浓、香于一体，拌凉、烹、烧、煮均可使用，是远近闻名的调味佳品。赵信隆酱园是手工作坊现场旅游景点，展示窑湾甜油的制作工艺，丰富窑湾古镇的饮食文化内涵。2006年，赵信隆酱园被公布为江苏省级文物保护单位。

窑湾绿豆烧酒坊　位于西大街中部，原为“华棠酒坊”，始建于清朝康熙年间，当时名为“窑湾绿豆烧酒坊”，曾生产高档窑湾绿豆烧、红玫瑰露酒，中档木瓜烧酒和低档瓦罐酒（又名霸王醉）。2009年，绿豆烧酒被评定为“国家地理标志产品”后，华棠酒坊被改为“绿豆烧酒旅游工业园”。华棠酒业是江苏省工业旅游单位、徐州市非物质文化遗产保护单位。公司董事长颜西广是徐州市非物质文化遗产传承人。绿豆烧酒工业园占地3500平方米，内有亭台、展厅、制酒车间，分酒文化展厅、窑湾第一泉和将军厅、白酒酿造车间、药材展示区、绿豆烧酒配制区、地下储存区、酒器展示馆、游客休息室、体验销售区九个功能区，集中展示窑湾绿豆烧文化特色。

桂花云片糕作坊　窑湾镇区有多家桂花云片糕作坊，陈绵涛桂花云片糕作坊最为出名。陈绵涛桂花云片糕作坊位于古镇劳武路东段，是由陈绵涛家庭经营的作坊现场。作坊可展示桂花云片糕的制作工艺过程，现场制作销售的桂花云片糕新鲜可口，是窑湾古镇最为出名的桂花云片糕作坊。

华棠酒坊　窑湾镇政府　供图

酱园店　杨东彬　摄

窑湾民俗史话馆

窑湾民俗史话馆

民俗史话馆位于西大街中部，是展示窑湾历史民俗文化的重要景点。所在院落为徐家大院，2009年开始修复。民俗史话馆2012年10月开馆，占地面积2300平方米，运用雕塑、幻影成像、声光模拟、实物展示等手段，展示窑湾历史民俗文化。展示内容分为流水玉珠、昌埠华街、芳华民生和夜猫集市四部分。“流水玉珠”介绍窑湾的历史起源与发展，包括窑湾地名的由来、窑湾的发展历史、窑湾的主要家族、窑湾名人、近代历史等。“昌埠华街”着重介绍窑湾“小上海”码头经济的繁荣与昌盛，有大型人物面塑、码头商贸场景等。“芳华民生”展出窑湾的民间习俗与民俗特色，包括农家院落、十大巧女、民间故事、窑湾船菜、医药文化等。夜猫集市展厅，运用雕塑、声光电等形式，展示窑湾古镇特有的民俗集市场景。

民俗史话馆展厅　窑湾镇政府　供图

旅游项目

古镇观光

窑湾古镇景区内有大量的历史民俗文化景观景点和常态化的民俗文化表演，游客到古镇游览，可以充分感受和体验窑湾古镇的历史民俗文化。游览的线路和主要景点有景区出入口→北门锁钥→后山河码头→月牙桥→三晋别院→山西会馆→西当典→窑湾战斗陈列馆→界牌楼→绿豆烧文化展示馆→大清邮局→民俗史话馆→赵信隆酱园店→吴家大院→窑湾船菜馆→中心广场→中宁街→东当典→窑湾味道（美食街）→蒋家大院→江西会馆→苏镇扬会馆→南哨楼→窑湾码头→骆马湖→大运河景观带（观光车）→北门游客中心。

水上游览

水上游览项目有内河游览和外河游览。内河游览旅客可沿护城河一览古镇全貌，夜间游览最佳，一眼望去，美不胜收，建筑美轮美奂。主要的游览线路和景点有北门锁钥→北门码头→后山河码头→月牙桥→船菜馆码头→龙舟桥→龙舟驿码头→戒赌桥→南门码头→江西会馆→苏镇扬会馆→窑湾味道（美食广场）→东当典→中心广场；中心广场→吴家大院→赵信隆酱园店→大清邮局→窑湾民俗史话馆→绿豆烧文化展示馆→界牌楼→窑湾战斗陈列馆→西当典→山西会馆→月牙桥→后河街→北门锁钥。

外河游览项目为大运河、骆马湖游船快艇游览，景区有中型游船2艘（可乘40余人），小型游船4艘（可乘10余人），快艇数十艘，有窑湾码头到橄榄岛、渔歌岛等线路。

乡村休闲游

古镇域内有稻香小村、渔村、采摘园、花草园等乡村休闲游项目，游客可观赏原味田家农舍，采摘时令瓜果，品味农家菜肴，还可健身垂钓、旅游度假，畅享田园生活乐趣，领略大运河、骆马湖沿岸乡村风光。

古镇之夜　丁永　摄

旅游服务

游客服务中心

窑湾古镇景区游客服务中心，位于窑湾镇劳武路西段北侧，建于2009年，总面积3000平方米。景区内设有多处游客服务点。服务中心提供售票、办理年卡、旅游信息咨询、推介旅游线路、旅游纪念商品展示、接待旅游投诉、救援救助、导游等服务，设备设施齐全。

住宿餐饮

运河商都大酒店　酒店为江南园林式建筑风格，集住宿、餐饮、会议、休闲娱乐于一体。一楼的大型宴会厅设有LED大屏、舞台、音响、灯光，可容纳280人开会就餐。另有客房137间、餐饮包间11个、中小型会议室各一间，同时配备大型生态停车场。

龙舟驿站　窑湾驿始建于清代，是京杭大运河流经的重要驿站，集陆驿、水驿于一身，至今已有数百年历史。2013年，以驿站文化为背景设计建造酒店，因建于龙舟桥旁命名为龙舟驿站。龙舟驿站有客房26间，其中豪华套房3间、餐饮包间7间；会议室2间，其中多功能厅1间，可容纳70余人参加会议，设有投影仪、幕布、电脑等会议设施。

三晋别院　2014年，建成运营。位于山西会馆旁，以山西文化为主题设计并建造，故名三晋别院。设有客房33间，其中豪华套房4间、特色炕房6间。餐饮包间4间，多功能厅1间，可同时容纳80人用餐。游客吧（西餐厅）1间，棋牌室2间，会议室2间，其中一楼会议室可容纳30人，二楼会议室可容纳80人。

窑湾船菜馆　位于窑湾古镇后河街，前傍后河，后依西大街。始建于清康熙七年（1668），2013年，经过修缮扩建，占地面积1200余平方米，内设餐饮包厢12厅，特色零点就餐1厅，能接纳200余人同时就餐。船菜馆根据运河漕运文化设计建造，主打菜肴是以骆马湖的水生产品和水生植物为原材料制作的特色菜肴，致力于发掘和弘扬窑湾船菜，把窑湾饮食文化和旅游文化相结合。

苏镇扬会馆客栈　以苏式园林简约风

窑湾船菜馆　窑湾镇政府　供图

格为主，叠山池水，花木桥廊，小桥流水，碧水潺潺。拥有大床房、套房、家庭房、茶艺室和商务会议室。

网络交通

网络　景区实现无线网络全覆盖，建有窑湾古镇官网、窑湾古镇微信公众号和窑湾古镇、骆马湖旅游公司两个微博，提供信息推送和互动咨询服务。

交通　自驾游：从徐连高速新沂西（窑湾）出入口驶出，沿古镇大道直达窑湾古镇。公交：新沂市区乘坐10路或11路公交，直达游客中心附近。高铁：乘坐高铁来的游客在新沂南站下车，转乘旅游公交专线（游1线、游2线）到达古镇。景区有电瓶交通车数十辆，游艇十多艘，为游客提供景区和水上交通服务。有大型生态停车场3个，大小车位2000个。

十人桥雕塑　窑湾镇政府　供图

6 红色窑湾

窑湾是苏北革命老区，是淮海战役首战地，在波澜壮阔的革命史上写下浓墨重彩的一笔。

红色，是窑湾最耀眼的底色。

1928年10月，窑湾诞生新沂第一个中共支部——阎溜支部。1938年12月，长江以北第一支由中国共产党领导的正规抗日武装——八路军山东纵队陇海南进游击支队（后更名八路军苏皖纵队陇海南进支队，简称"南支"）在窑湾许楼村成立。1948年11月，打响淮海战役首战——窑湾战斗，整建制歼灭国民党63军；在惊心动魄的堰头追击战中，十名革命勇士跳入冰冷刺骨的河水中，用血肉之躯筑成一座通往胜利的人桥。他们的英雄事迹被永恒地镌刻在淮海战役纪念塔的浮雕中，被写入新中国小学的教科书中。

红色，是窑湾最鲜明的精神图腾。

许楼村“三棵柿子树”，见证阎溜支部书记王守宽，抛头颅、洒热血，为革命奋战至最后一刻的大无畏精神。沂水河畔，走出威震敌胆的宿北地区抗日武装领导者——徐玉珍。陆口村发生的陆口、尹庄伏击战，痛歼日军的捷报震动淮海地区，被誉为沂运平原上的“平型关大捷”。骆马湖畔的彭场村，群众基础好、发展党员人数多，被人们称为“小延安”。在陆营村建立的新四军窑湾交通站（联络站），开辟对敌斗争第二条战线。淮海战役期间，窑湾老区人民舍家为国，支前拥军。在激情燃烧的革命岁月，沂运儿女为民族独立、国家富强、人民幸福义无反顾、前仆后继，用生命和鲜血树立一座座不朽的丰碑。红色文化浸润着这片山水、升华着这方热土，融入窑湾人的血脉和灵魂，成为筑梦窑湾的强大精神支撑。

红色，是窑湾最靓丽的地域名片。

留存在沂运大地的每一段革命故事、每一处文物旧址、每一个教育基地，都是一部历史教科书、一个信仰熔铸点、一座红色基因库。窑湾镇深耕红色沃土，注重红色资源保护开发利用，聚合周边自然山水、田园风光、历史文化、民俗风情，做好红色与绿色、古色、彩色的融合与对接，做活“红色旅游、红色教育、红色研学”大文章，红色窑湾的知名度日益提升。打卡红色地标，寻访红色记忆，已成为青年人来窑湾旅游的“新风尚”。

牛滩阻击战

1939年2月26日，日军以伪军刘福龙部为先锋，自草桥沿沂河南犯，占领窑湾镇。

日伪占领窑湾镇后，企图打通窑湾镇至新安镇的交通线，以实现“伪化”宿北的图谋。为此，日伪制定攻占堰头镇的计划，只要攻占堰头镇，就可以顺利打到新安镇。而要攻占堰头镇，就必须先打下牛滩。因为牛滩的富户多，枪支多，打下牛滩后再攻堰头，无后顾之忧。牛滩的牛文汉、葛树乔、杨彦泽等得知日伪军要打牛滩的消息后，立即开会商量对策。一致认为：让日伪军进来，就等于引狼入室，村民们一定要遭殃，大家齐心协力，土枪、洋枪全部集中起来和敌人硬拼，敌人不一定能打进来。决定只要敌人打来，就坚决迎击。为防止敌人突然袭击，组织20多名青年，昼夜轮流值班放哨。

3月15日9时许，在林场值班放哨的张新权、汪向等发现前来攻打牛滩的日伪军后，忙向天空打了一枪。村民们听到枪声，纷纷拿起武器，在牛文汉、葛振全、葛振武、周步堂、汪向、汪家玉、牛庆武等带领下，迅速进入阵地，作好迎敌的准备。村民们在各自的工事里刚刚作好准备，日伪军就向牛滩开炮了。霎时，炮声隆隆，硝烟弥漫。充当前锋的伪军，摆开一字形长蛇阵，一边打枪，一边向牛滩冲来。当敌人进入射程后，各阵地的民众武装一齐向敌群开枪。

附近村庄的青救团员和民众听到牛滩响起枪炮声，知道有敌人来犯，便赶来增援。堰头的王叔威带领22多名青救团员，携轻机枪1挺赶来增援，抢占牛滩南制高点，向敌人射击；陆场的陆绍凯带领20多名民众武装，从姜庄赶来增援，跑步进入前沿阵地加入战斗；柳沟的唐永玲、墨芬塘的胡振球带领民众武装80多人赶来增援；王翻子的舒广瀛带领10多名自卫队员赶来增援，带领10多名自卫队员赶来增援，到达阵地后，便向敌人施放抬炮。战至15时许，日伪军见民众武装越来越多，计划难以实现，狼狈逃回窑湾镇。

此次阻击战，共打死打伤敌人70余人。牛滩阻击战的胜利，粉碎日伪打通窑湾镇至新安镇的交通线、“伪化”宿北的计划，增强新沂地区人民抗击日伪的信心。

陆口、尹庄伏击战

1939年9月11日晨，中共窑湾支部（地下党支部）派共产党员马伯岩送来紧急情报：日军一个辎重排要从窑湾出发，运送物资到炮车，共有日军骑兵20多人，辎重车两辆。“南支”第三团和第二梯队领导当即决定，乘敌不备，打一次伏击战。

窑湾至炮车，沿沂河西岸有一条公路，土楼、陆口、尹庄位于公路中间地段。为了行动隐蔽、速战速决，第三团和第二梯队稍作调整后，便在陆口、尹庄附近选择有利地形，伪装设伏。1939年9月11日13点左右，日军骑兵20多人分四列纵队在前，两辆辎重车在后，由南向北缓缓而来。当日军辎重队进入射程时，机步枪齐鸣，密集的子弹射向敌人，一颗颗手榴弹投向敌人。日军马嘶人叫，乱作一团。战士们奋不顾身地冲向敌阵，消灭拼死抵抗的残敌。9月11日15点，窑湾、炮车日军前来增援，第三团和第二梯队迅速歼灭残敌后撤到墨芬塘一带。此次伏击战，打死日军骑兵17人，击毁辎重车2辆，缴获战马6匹和大量枪支弹药、军需物资。1939年9月11日夜晚，第三团和第二梯队发出“沂河岸上，八路健儿，大显身手，痛歼日寇”的捷报。老百姓称此次战斗为沂运平原上的“平型关大捷”。

1938年12月，江苏地区第一支八路军武装——八路军山东纵队陇海南进游击支队成立大会场景

新沂史志办　供图

沂河战斗

1943年9月上旬，为粉碎国民党反共阴谋，新四军军部和苏北军区决定，对盘踞在沂河岸边王楼的国民党25支队和臧马圩、庄林场一带的国民党89军别动支队给予一次严厉打击。战斗方案：新四军3师7旅20团（团长王东保、政委宋维栻）担任主攻，1营攻打臧圩、马圩据点，2营攻打庄场、林场、腰庄、官界据点，3营攻打王楼据点；淮海军分区第二支队第5团和第三支队第7、8、9团负责打援。

1943年9月12日夜，7旅旅部、淮海区党政军领导和各参战部队进入宿北佃户、戚沟、孟庄、小李庄、高埠岭一带十多个村庄，封锁消息。9月14日是中秋节，傍晚，各参战部队隐蔽到达指定位置。9月14日22时，对臧圩等7个据点同时发起攻击。20团1营进展顺利，迅速攻克据点；2营因敌人负隅顽抗，进攻难度大，下半夜将据点拿下；3营营长何玉祥率主攻连队占领据点中心炮楼前瓦房后，命令爆破中心炮楼，战士陈士保把炸药包绑在长竹竿的一端，抵到中心炮楼墙上，用肚子顶住长竹竿的另一端，一声巨响，中心炮楼被炸开缺口，陈士保重伤倒地，官兵趁势冲锋，敌人缴械投降。天还未亮，战斗就胜利结束了。沂河战斗，拔除臧圩、庄场、官界等7个据点，歼敌400余人。国民党在淮海区反共阴谋破产，宿北地区形势开始好转。

新四军解放窑湾战斗

1945年10月13日，罗炳辉率新四军第2师第5旅第14团，执行任务路过宿北，宿北县委请求14团协助歼灭驻窑湾伪军。10月14日，第14团在淮海军分区第3团的配合下，以迅速的动作，猛烈的炮火，一举将窑湾据点攻克，计俘日伪区团长臧怡年、中队长臧公略等424人，缴获机枪15挺，步枪468支，短枪30余支。窑湾据点拔除后，收复周围10个村庄，解放人口2.5万余人。

沂东大捷（臧口战斗）

1948年8月13日，国民党宿迁保安第八中队和宿属归仁集、新店、陆圩当地土顽等500余人组成的返乡突击队，由炮车沿沂河东岸向窑湾进犯，宿北独立团徐玉珍部和窑湾区队采用诱敌深入之计，兵分三路在金庄、臧口一带将敌人夹击包围，经过两个多小时结束战斗，计歼灭土顽250多名，缴获八二迫击炮1门，重机枪2挺，轻机枪5挺，步枪268支，子弹6767发。独立团和窑湾支队牺牲4人，负伤10人。8月底，六分区党委及军分区传令嘉奖宿北独立团，称“沂东大捷斩获之多，为分区武装之冠”。

淮海战役窑湾战斗

淮海战役首战——窑湾战斗发生在新沂市草桥镇、窑湾镇境域内。

1961年4月出版的由中央军委叶剑英等著的《伟大的战略决战》一书中，收录时任华野1纵1师政委曾如清的一篇回忆文章，该篇文章的题目就是《首战窑湾》。曾如清将军在《首战窑湾》中记述：“窑湾战斗对于整个淮海战役来说，这还只是序幕中的序幕。”

1948年10月11日，毛泽东主席在为中央军委起草的给华东野战军和中原野战军、华东局和中原局《关于淮海战役的作战方针》电报中指出：“本战役第一阶段的重心，是集中兵力歼灭黄百韬兵团，完成中间突破，占领新安镇、运河车站、曹八集、峄县、枣庄、临城、韩庄、沭阳、邳县、郯城、台儿庄、临沂等地。”

淮海战役开始前，国民党黄百韬兵团（即第7兵团）所辖的第25军、63军、64军、100军驻防新安镇地区，第44军驻防海州地区。兵团司令部驻地是新安镇，具体位置在今沭河西岸的新安小学北约40米处。

实现淮海战役第一阶段歼灭黄百韬兵团作战目标是从全歼第63军的窑湾战斗正式开始的。针对第63军的作战，是一个完整的追击、拦截、围歼的战斗过程。华野苏北兵团2纵、12纵和山东兵团9纵在卢圩、林庄、堰头等打的是追击战，华野苏北兵团11纵、宿北独立团和华野6纵在窑湾京杭大运河南岸、西岸打的是拦截战，华野1纵在窑湾镇区打的是围歼战。

卢圩、林庄、堰头等追击战

1948年11月5日，国民党徐州军事会议后，第7兵团司令官黄百韬立即驱车赶回新安镇，连夜研究部署所属各部向徐州集结。据时任第63军参谋长宋健人档案记载：“11月6日6时，黄百韬召开第7兵团军事会议，宣布：第7兵团撤至京杭大运河以西，第63军在原地掩护主力西撤后撤退到窑湾附近守京杭大运河西岸。”

11月6日晚戌时（19点至21点），淮海战役拉开帷幕。华东野战军在中原野战军的配合下，按照预定战役计划，以雷霆万钧之势从四面八方挺进淮海战场，围歼黄百韬兵团。华野1纵、6纵和山东兵团9纵、鲁中南纵队主力以及特种兵纵队5个连攻击新安镇；

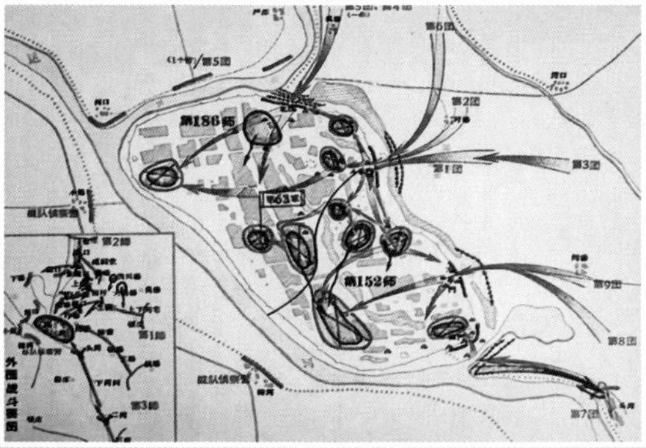

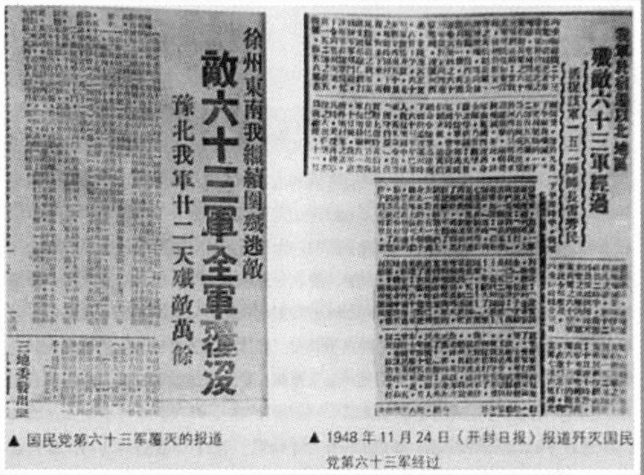
徐州東南我繼續圍殲逃敵
敵六十三軍全軍覆沒
豫北我軍廿二天殲敵萬餘

▲ 国民党第六十三军覆灭的报道

殲敵六十三軍經過

▲ 1948 年 11 月 24 日《开封日报》报道歼灭国民党第六十三军经过

上图：战地记者于1948年11月8日傍晚拍摄的“十人桥”照片　新沂史志办　供图
左图：窑湾镇区围歼战要图　新沂史志办　供图
右图：关于黄百韬兵团第63军被全歼的报道　新沂史志办　供图

苏北兵团2纵、12纵等和特种兵纵队5个连攻击阿湖；华野4纵、8纵和特种兵纵队3个连攻击邳县、官湖，并控制运河以东阻击阵地；鲁中南纵队一部包围郯城；华野10纵和山东兵团7纵、13纵以及特种兵纵队6个连攻击韩庄、台儿庄，促使国民党第三绥靖区张克侠、何基沣部起义，然后直出陇海铁路，切断黄百韬兵团与徐州联系，并准备阻击由徐州东援的部队；苏北兵团11纵和江淮军区两个旅由宿迁向西北疾进，造成威逼徐州的声势。地方武装潼阳独立团进入沭河东岸，宿北独立团进入窑湾以南的三湾一带。

11月8日中午，黄百韬兵团主力撤离新安镇西去。黄百韬兵团主力西撤后，第63军随即撤离新安镇。11月8日16时许，9纵的先头部队赶到新安镇时，第63军的后卫部队刚刚离开2个小时。11月8日傍晚，第63军经过长途行军，一部分赶到了窑湾，一部分只赶到卢圩、林庄、堰头等地，军部在林庄，后卫部队在堰头。刚停下来做饭，2纵、12纵就打到了第63军军部的门前；9纵先遣团“潍县团”（即27师79团）已赶到堰头西和西南的杨庄、何场一带。第63军军部和后卫部队被包围后，遂发生激战。“潍县团”1营奉命从西面攻击被包围在堰头的第63军后卫部队。当1营官兵接近堰头时，被一条10多米宽的河流——中沟（当地人也称圩沟）挡住了去路。1营2连孙连长命令1排3班坚决完成架桥任务。1排副排长范学福、3班班长马选云接受任务后，从农民家里借来木梯、车络（牛车上用的粗长绳）、门板、绳索，然后用车络、绳索把木梯、门板捆扎在一起，横在河面上。因没有桥桩，很不稳固，人通过容易翻转落水。这时，敌人拼命射击封锁。为了不延误时间，在副排长范学福和班长马选云带领下，班副彭启榜和战士潘福全、杨玉艾、孙学赞、宋协国、孙克潘、杨学志、孙书贤纷纷跳入冰冷的河水中，10人分为5对，人当桥桩扛起了浮桥，保证了全营官兵顺利通过。华野卢圩、林庄、堰头等追击战打响后，第63军参谋长宋健人将已快到达窑湾的第186师557团调回反击。11月9日拂晓，救出第63军军长陈章后，部署残部突围。战至午后，方突出重围。11月9日16时许，带残部到达窑湾。卢圩、林庄、堰头等追击战，共歼敌2000人，其中俘敌1337人。

窑湾京杭大运河南岸、西岸拦截战

为了从窑湾渡过京杭大运河，第63军军长陈章迅速命令第152师455团和第152师、第186师工兵连于11月6日先行赶到窑湾架设浮桥。当第63军的第152师师长雷秀民率一个团赶到窑湾时，才发现窑湾京杭大运河西岸国民党孙良诚的第107军人影全无。

6纵于11月8日晚上到达京杭大运河东岸，连夜架起一座浮桥，赶到京杭大运河西岸，以两个团的兵力于11月9日拂晓前，消灭了占领小街的第63军152师455团及工兵部队，摧毁了敌人架在京杭运河上的浮桥。黄百韬电令第63军军长陈章、参谋长宋健人率部南下渡过京杭大运河，向宿迁突围。但南面已被11纵、宿北独立团挡住了去路，先后组织三次突围，皆被11纵和宿北独立团打退。至此，第63军被拦截于窑湾镇。11月10日晚上，宿北独立团奉命撤离移至小街至皂河一线的京杭大运河西堤，6纵将阻击阵地移交宿北独立团后，快速西进，向碾庄攻击。

窑湾镇区围歼战

11月9日8时许，华东野战军司令部决定，由1纵担任围歼窑湾镇区第63军的任务。11月10日拂晓，在代司令员刘飞的指挥下，1纵1、2、3师分别从东、北、东南三面同时向窑湾外围发起攻击，战至翌日15时，窑湾外围大部分被1纵控制。11月11日16时半，1纵炮兵的榴弹炮、山炮、迫击炮从小上窑、刘宅一线同时炮击窑湾。霎时，炮声隆隆，惊天动地。11月11日17时，发起总攻。11月12日拂晓，窑湾围歼战胜利结束。军长陈章毙命窑湾。第63军1.5万余人（其中有2000多人在卢圩、林庄、堰头等追击战中被2纵、12纵、9纵歼灭）在窑湾战斗中被全歼。这是淮海战役展开后首先被全歼的国民党正规军。

窑湾战斗前也进行了一些战斗，但都是保证部队向主要作战区域开进的外围战斗和一些牵制配合性战斗。如华野鲁中南纵队打的山东郯城战斗、华野6纵打的山东马头战斗、华野7纵打的山东万年闸战斗都是保证部队为实现歼灭黄百韬兵团目标向主要作战区域开进的外围战斗。中野1纵和华野3纵打的河南张公店战斗是保证部队为实现歼灭黄百韬兵团目标的牵制配合性战斗。11月8日开始的窑湾战斗才是直接与黄百韬兵团作战的实质性战斗。窑湾战斗打响淮海战役的第一枪。窑湾首战告捷，极大地鼓舞了士气，为在碾庄圩全歼国民党黄百韬兵团奠定基础。

新沂地区第一个中国共产党支部——阎溜支部成立旧址

阎溜支部成立旧址位于窑湾镇许楼村。1928年10月，共产党人王书楼在阎溜庄王守宽家的土炮楼里开会，宣布中共阎溜支部成立。王守宽任支部书记，陆华安任组织委员，黄景武任宣传委员。10月底，王书楼召集支部委员和党小组长在阎溜庄王守宽家开会，宣布中国共产党邳东区委员会成立，王书楼任区委书记。阎溜党支部是邳东地区第一个中国共产党支部，也是新沂地区第一个中国共产党支部。

2021年6月，窑湾镇党委政府和许楼村委会投资146万元，对中共阎溜支部成立处旧址——阎溜支部书记王守宽故居的周边环

新沂地区第一党支部旧址　仲秀梅　摄

境进行整治、绿化和文化氛围营造等。硬化路面1000平方米，建造陈列馆500平方米。改造后的中共阎溜支部成立处旧址，占地（保护范围）10005平方米，作为爱国主义教育基地于2021年国庆节对外开放。

许楼：苏北地区第一支八路军武装——八路军山东纵队陇海游击支队诞生地

八路军山东纵队陇海游击支队诞生地位于窑湾镇许楼村。

1938年12月，根据中共山东分局和八路军山东纵队的意见，将邳、睢、铜三县的抗日武装组建为陇海游击支队（简称陇支）。陇海游击支队的任务是：出山东，入徐海，组织和发展抗日武装，开展敌后游击战争，粉碎日军打通东陇海线的企图，创建徐海地区抗日游击根据地。随后在许楼的打谷场上召开全体指战员大会，正式宣布八路军山东纵队陇海游击支队成立，钟辉任司令员兼政委（并兼任苏皖特区军政委员会书记），梁海波任副司令员，李浩然任政治部主任和苏皖特委组织部部长（兼任代理书记），张震寰任政治部副主任，赵兴仁任侦察科科长。

300多人的“陇支”，是江苏省长江以北地区第一支正规的八路军武装。“陇支”成立后，很快发展成一支劲旅。在苏北、鲁南、皖东北地区，“陇支”开展游击战，打击日、伪、顽、匪，开辟抗日革命根据地，推动苏北、皖东北地区抗日救亡运动的开展。1940年8月21日，根据中共中央军委决定，“南支”正式划入新四军建制。9月1日，黄克诚率八路军第二纵队一部进军到津浦路以东，与“南支”及其他一些部队合编为八路军第五纵队。“南支”番号撤销。10月，第五纵队南下，与新四军北上的第一、二纵队在盐城以南胜利会师，打通华北与华中的联系，胜利完成开创苏北抗日根据地的战略任务。

窑湾地下交通站（联络站）旧址

窑湾地下交通站（联络站）旧址位于窑湾镇五墩村。

1939年6月，窑湾党支部在马伯岩（周杰）家建立地下交通站。该交通站是县委通往邳北、山东、皖东北和淮海区的一个重要交通站。“南支”第二梯队和第三团取得陆口、尹庄伏击战的胜利，其情报是窑湾党支部提供的。1942年8月，窑湾地下党组织和地下交通站遭到破坏。1944年5月，新四军三师陇海联络部在窑湾东陆营陆复起家设立窑湾交通站（联络站），黄玉书任站长，李同福、陆复起等为联络员，主要联络点有炮车、徐州等，负责徐连线的联络任务。该联络站像一把钢刀插在敌人的动脉上，为党的事业做了大量工作。

窑湾地下交通站（联络站）位于窑湾进步人士陆寿鹤的祖居，清末建筑，楼房20余间，砖木结构，为四合院式普通民居。建筑面积约350平方米。因年久失修，仅存堂屋5间，建筑面积91平方米。

纪念设施

宿北第一党支部纪念碑

宿北第一党支部纪念碑位于窑湾镇王楼中学院内。

为纪念1928年10月上旬在阎溜庄成立的新沂地区第一个中国共产党支部，1998年12月，中共王楼乡委员会在王楼中学校门内南侧、东墙西边建“宿北第一党支部纪念碑”（因为新沂建置前阎溜庄属宿北县辖区，所以纪念碑上写“宿北第一党支部纪念碑”）。纪念碑建筑面积26平方米，碑身为圆柱形，直径1.1米，高4.5米，砖、水泥结构。碑背面有介绍第一党支部成立情况的文字。

窑湾战斗陈列馆

窑湾战斗陈列馆位于窑湾镇镇区西大街。

窑湾战斗陈列馆的材料收集、整理等工作开始于2010年秋。2018年10月，陈列馆在镇区西大街庄家大院落成，占地面积970平方米。根据窑湾战斗过程，陈列馆展区分：战前形势；堰头、林庄、卢圩等追击战；窑湾京杭大运河南岸、西岸拦截战；窑湾镇区围歼战；新沂人民支前等。该馆收藏、陈列展品总计209件：一级展品有档案卷宗13份（复印件），图片56张（复印件），锦旗3面（复制件），木梯1架（复制件），嘉奖令1份（复印件）；二级展品有纪念章10枚（原件），电台、发报机及配件7件（原件），作战图片14张（复印件），各种枪支弹药48件（原件），淮海战役第一枪——窑湾战斗专题片视频1份（复制件）；三级展品有衣服、鞋、马灯、水壶等7件（原件），支前图片15张（复印件），支前实物33件（原件）。

2021年，文化和旅游部、中央宣传部、中央党史和文献研究院、国家发展改革委联合发布“建党百年红色旅游百条精品线路”，作为“淮海战役·伟大胜利”精品线路上的窑湾战斗陈列馆被列入其中。

新沂市革命英雄事迹展馆

新沂市革命英雄事迹展馆位于窑湾镇

宿北第一党支部纪念碑　仲秀梅　摄

窑湾战斗陈列馆　仲秀梅　摄

镇区西大街窑湾战斗陈列馆院内。

宋耀南（1913.4—1943.8）、王子鲁（1904.2—1978.3）、徐玉珍（1910.12—2004.9）等都是新沂地区重要的党史人物。馆内展示宋耀南、王子鲁、徐玉珍等革命英雄事迹，主要形式是实物、图片、文字等。

窑湾战斗烈士陵园

位于窑湾镇刘宅村。陵园占地30多亩。内有钢筋混凝土纪念碑一座，纪念碑高6米，宽2米，厚0.5米。纪念碑周围有水泥护栏。碑正面有“革命烈士永垂不朽”，碑背面有窑湾战斗情况简介。

1955年4月，中共窑湾镇委员会、窑湾镇人民政府和直接指挥窑湾战斗的刘飞、张翼翔、曾如清等联系，将在战斗中牺牲并分散在100多处掩埋的烈士遗骨统一搬迁到刘宅村东北边一块高坡地上的烈士陵园内。2021年，“十人桥”纪念园建好后，窑湾战斗烈士陵园内的烈士遗骨被迁葬到“十人桥”纪念园。

赵存祯烈士纪念碑亭

位于窑湾中学院内。赵存祯，原名李东林，河北省磁县人，任宿北县运河区区委副书记、区长。1944年4月22日晚，被叛徒绑架劫持，落入窑湾日伪军手中。24日傍晚，壮烈牺牲，时年仅25岁。1944年，宿北县参议会在为抗日烈士筹建的“陆渡口战斗抗日烈士纪念塔”旁，建立烈士赵存祯等人的墓碑。墓碑在战争年代遭到国民党破坏。1995年8月，中共窑湾镇委员会和窑湾镇人民政府在赵存祯的牺牲地窑湾镇大东门（窑湾中学院内）重建烈士纪念碑亭。亭由五根红色水泥柱支撑，顶为橙红色琉璃瓦覆盖，五角出翅；亭中立“抗日英雄赵存祯烈士纪念碑”，碑高2.1米，宽0.75米，厚0.15米，青石材料制作，碑基1阶。碑背面有赵存祯烈士事迹介绍。

十人桥

1948年11月，淮海战役打响后，黄百韬兵团主力撤离新安镇西去。担任侧翼掩护任务的第63军随即撤离新安镇。华野山东兵团第9纵队追击敌人到堰头时，被一条10多米宽的河流——中沟（当地人也称圩沟）挡住了路。“潍县团”1营2连连长命令1排3班坚决完成架桥任务，让全营通过。1排副排长范学福、3班班长马选云接受任务后，全班一齐跳入冰冷的河水中，10人分为5对，人当桥桩扛起浮桥，保障全营顺利通过，完成战斗任务。11月26日，《大众日报》刊登新华社随军记者黎明写的通讯《十人桥》后，“十人桥”的英雄事迹在部队广为宣传，成为鼓励部队“团结协力、克服困难、完成作战任务”

的强大精神力量。第9纵队司令员聂凤智在回忆文章《敢打敢拼英勇奋战——记华野九纵参加淮海战役始末》中评价“十人桥”的英雄事迹：“其政治意义，大大超过这一行动的军事价值。”“十人桥”的英雄事迹被写进了新中国的小学课本；10位勇士扛起浮桥的画面被雕刻在淮海战役烈士纪念塔的浮雕中；用于架桥的木梯，现在收藏在北京国家军事博物馆内；被华野山东兵团第9纵队授予“十人桥班”的“潍县团”1营2连1排3班，现隶属天津武警总队机动第四支队一大队一中队，仍为10人编制。10位勇士用普通的木梯，用沸腾的热血，用革命的激情和对新中国的无限希望，谱写出了流传百世的华彩乐章。

为纪念10位勇士架设人桥的壮举，1963年3月15日，新沂县人委拨款在当年架设人桥的地方北侧约30米的中沟上，建起一座石桥，命名为“十人桥”。2002年7月，新沂市人民政府在重修后的“十人桥”的西桥头北侧立起一块石碑，石碑上记述当年10位勇士架设人桥英雄事迹。2008年7月23日，“十人桥”被公布为“新沂市文物保护单位”。

十人桥纪念园

淮海战役十人桥纪念园位于草桥镇堰头村，北临堰王线、南接S505省道、西靠草卢线。总面积约4万平方米，其中纪念碑占地面积1521平方米，纪念馆占地面积750平方米。建设内容含纪念碑、纪念馆、园内景观等，是爱国主义、英雄主义红色教育基地。纪念园内除安放着窑湾战斗中牺牲的烈士外，还安葬新沂市西片窑湾、草桥、合沟、港头等镇散葬的在其他战斗中牺牲的烈士。纪念园以淮海战役中著名的十人桥事迹而命名。陵园建设于2010年启动，后因规划等问题建设停滞。2019年10月，邀请中央军委原副主席迟浩田上将题写“淮海战役十人桥纪念碑”碑文。2020年1月9日，新沂市委、市政府决定对十人桥烈士陵园进行重新建设。2020年7月，由江苏省建筑设计研究院完成规划设计，命名为淮海战役十人桥纪念园。2021，年竣工投入使用。园内纪念碑由台阶、碑座和主碑三部分组成。整个纪念碑坐北朝南，在日照下，熠熠生辉，璀璨夺目，南面为“淮海战役十人桥纪念碑”题字，东西两侧为纪念碑文。纪念碑高22.33米，寓意着英雄之师2连3班被授予“河上勇士”的光荣称号，英雄事迹代代相传；纪念碑整体高度为19.48米，从广场到纪念碑分设两处台阶，到达一层平台共11级台阶，到达二层平台共8级台阶，意含十人桥战役发生于1948年11月8日。纪念馆两层，建筑面积1500平方米，高9米。运用现代语言，以纯粹的几何造型为设计元素，以烘托纪念碑为主，与纪念碑的竖向线条形成呼应，整体造型为一块巨石。

窑湾革命烈士传略

石朋玉（1889—1948.11）

石朋玉，祖居窑湾镇钱口村。1945年秋，被选为村行政小组长。1948年夏，担任钱口村农救会长，为县、区、乡搜集情报，送信联络。1948年11月，淮海战役即将打响，因石朋玉对窑湾街较为熟悉，被安排做解放军向导。11月11日晚，石朋玉为攻打窑湾小东门的华野一纵二团带路，当小东门被炸开后，石朋玉领着二团突击队冲进突破口。在部队向纵深进攻时，石朋玉的脚被敌人的手榴弹炸伤，至12日凌晨两点多，窑湾战斗胜利结束。此时，石朋玉被抬到部队临时医院包扎。回家后因受风感染牺牲，时年59岁，后经上级批准追认为革命烈士。

王洪剑（1892—1945）

王洪剑，又名王鸿渐，1892年出生在新沂市窑湾镇土楼村。早年曾在外乡求学读书，思想开明进步。1931年春，中共邳县县委在邳东一带发展党的组织。王洪剑和妻子王陆氏经张桐介绍，一起加入中国共产党。王洪剑担任土楼第一任党支部书记，直属中共邳县县委领导。其间，他受县委指示，发展党的组织，开展革命活动。1932年春，中共邳县县委成立沂河区委，王洪剑担任区委书记。1940年5月，中共宿迁县委在沂河区建立抗日民主政权，张九峰任区长，王洪剑任区动委会主任。1940年10月，沂河区遭国民党顽固派袭击，区政权被摧毁，王洪剑按照党的指示转入地下工作，担任党的特区联络站负责人，秘密为党收集传递情报，保护过往同志。1945年春，王洪剑在土楼家中被捕，临刑前他大义凛然、慷慨就义，表现一个共产党员宁死不屈的革命精神。

王守宽（1905—1930）

王守宽，1905年出生于邳县二区阎溜子（今属新沂市窑湾镇许楼村），是新沂地区第一个中共支部——阎溜支部第一任书记。1928年10月，王书楼介绍王守宽加入中国共产党不久，在王守宽家的土炮楼里开会，宣布成立中共阎溜支部，王守宽为书记。1928年冬，领导贫雇农在陈圩、土楼两个粮市开展粮食降价斗争。1929年6月，带领王楼、炮车、纪集一带农民进行了短工增资斗争；11月，领导绥靖乡农民开展了抗税斗争。1930年5月1日，组织邳东区党员和学校师生二三百人参加在陈圩的五一国际劳动节展党旗活动。旧州暴动失败后，被敌人逮捕杀害。

黄景武（1906—1930）

黄景武，1906年出生于邳县二区陈宽庄（今属新沂市窑湾镇许楼村），是新沂地区第一个中共支部——阎溜支部宣传委员。1928年8月，经王书楼介绍加入中国共产党；10月上旬，王书楼等在阎溜庄王守宽家的土炮楼里召开会议，宣布中国共产党阎溜支部成立，黄景武任宣传委员。1928年冬，领导贫雇农在陈圩、土楼两个粮市开展粮食降价斗争。1929年6月，带领王楼、炮车、纪集一带农民进行了短工增资斗争；11月，领导绥靖乡农民开展抗税斗争。1930年5月1日，组织邳东区党员和学校师生二三百人参加在陈圩的五一国际劳动节展党旗活动，黄景武负责制作的那面党旗成了中国共产党在邳、宿、沭、海边区第一次公开展示飘扬的旗帜。1930年7月，在旧州暴动中牺牲。

汪庆鑫（1906—1930）

汪庆鑫，原籍宿迁，祖辈时迁入窑湾镇经商。汪庆鑫小学毕业后到窑湾昌记布店做店员。一年多以后，到睢宁师范读书。1925年上海五卅惨案发生后，睢宁师范学校的师生积极募捐并游行示威，汪庆鑫参加学生运动。汪庆鑫在毕业前夕，秘密加入中国共产党。1927年夏，汪庆鑫从睢宁师范毕业回到家乡，在窑湾税务机关工作。汪庆鑫利用工作之便，秘密召集一些思想比较进步的青年集会，宣传马克思主义和俄国的十月革命。汪庆鑫的鼓动宣传，引起国民党窑湾区党部的注意，以涉嫌共产党的罪名将汪庆鑫抓起来，由一名警卫看管，听候处理。这名警卫是汪庆鑫的本家舅父，帮助他逃去外地。汪庆鑫脱险后，继续秘密为党工作。1930年7月9日，汪庆鑫参加旧州暴动，在向外突围时壮烈牺牲，时年24岁。

闫泗迎（1912—1947）

闫泗迎，1912出生在窑湾骆马湖畔小刘墩村，自幼在家务农。1941年夏，年近30岁的闫泗迎，报名参加沭宿海中心县委在沭西麦墩创办的抗日中学，走上革命道路。1942年春，闫泗迎被分回宿北参加共产党地方抗日武装。在艰苦的革命斗争中，他先后任区中队班长、排长、县大队三连副连长、连长等职，转战在宿北抗日根据地，屡立战功。1945年8月后，宿北县地方武装部分上升，和潼阳县部分地方武装组建淮海军分区第三团，闫泗迎担任该团一营一连连长，后又调团部任参谋。1947年夏，升任淮海军分区第三支队三营副营长。1947年10月，在泗阳县大王集战斗中牺牲，时年35岁。

孔宪德（1912—1948）

孔宪德，出生于新沂市窑湾镇南门村（现属邳州市胡圩乡）。成年后，拜师学习中药及针灸。1939年6月，中共宿迁县委在窑湾发展党组织，建立地下交通站。孔宪德秘密地加入中国共产党，以行医为名，收集传递情报。1942年8月，窑湾的地下党组织遭破坏，孔宪德失去与党组织的联系。1947年1月底，孔宪德在窑湾，以行医、开药铺为掩护，建立地下交通点，收集敌情。1948年夏，孔宪德被还乡团抓捕。敌人威逼利诱，孔宪德宁死不屈。敌人遂把他捆绑起来，坠入运河，孔宪德英勇牺牲。1950年，邳睢县人民政府追认孔宪德为革命烈士。1988年，邳州市胡圩乡新庄村为纪念孔宪德牺牲四十周年，为孔宪德烈士树纪念碑一座。

孙连泰（1915—1941）

孙连泰，1915年出生于窑湾镇彭场村。1939年1月，中共宿迁县委在宿北竹园成立，孙连泰于1939年春在窑湾加入中国共产党。接着任党小组长，不久又担任窑湾党支部书记。1940年2月，被补选为中共宿迁县五区区委委员。1940年10月，孙连泰按党组织要求，转移到宿东，化名孙海川，分配在新成立的沂河区大队工作。1941年春，调至宿迁二区工作。1941年夏，宿二区区公所被敌伪摧毁，孙连泰被捕。面对敌人的审讯拷打，孙连泰毫不畏惧，铁骨铮铮。敌人无奈，许以重任劝其投降，孙连泰誓死不从。敌人无计可施，残忍地将其杀害。事后，组织派人将烈士尸骨收殓，葬于大兴集南，以安英灵。

闫宗儒（1916—1943）

闫宗儒，字席珍，窑湾镇王场村闫场人。九岁入私塾，后以优异成绩进入淮安中学。在校期间，受马列主义思想影响，常与进步青年学生一起讨论救国大事，慷慨激昂。1934年2月，闫宗儒加入中国共产党。1938年2月，闫宗儒等参加在邳县铁佛寺举行的“邳县青年救国团”团部成立大会，代表邳东区在会上发言。同年8月，组织派闫宗儒、杨遵忠等青救团部分成员，来到宿北五、六、七区的高流、王庄、棋盘，筛子一带，宣传党的抗日政策。1939年9月，闫宗儒参加八路军陇海南进游击支队。经组织安排到东海县朱圩区创办学校，以教书为掩护，开展革命活动。后组织上又派他回到家乡，组织沂河青年救国团，任王楼区委书记兼区团副。1943年正月底，日伪大肆捕杀地下党员。一天，闫宗儒去窑湾区联络工作，下午五时，在回家途中，行至窑湾北门外，被敌人从背后杀害。

赵存祯（1919—1944）

赵存祯，原名李东林。1919年3月29日出生于河北省磁县（今邯郸市郊区）马头镇木鼻村。初中毕业后，为谋生计，先后在地主家当长工、在织袜机厂当学徒。七七事变之后，便回乡参加抗日救亡运动。1938年，加入中国共产党。不久，被调至某地委做巡视员。1940年秋，他改名为赵存祯，随主力部队南下至沭宿海抗日根据地。1941年起，赵存祯历任沭宿海总农会组织部长、副区长、区委书记等职。1944年，赵存祯任宿北县运河区区长。4月22日晚，他带领该区武装到张宅进行参军动员和公粮征收工作时被敌人逮捕，得知赵存祯是运河区区长，对其严刑审讯。在敌人的酷刑折磨下，他始终不向敌人屈服。24日傍晚，在窑湾镇大东门外，赵存祯英勇就义，年仅25岁。在宿北县参议会1944年10月19日奠基、1945年春建成的

“陆渡口抗日殉难烈士纪念塔”旁，安放着赵存祯等烈士的墓碑。1946年宿北战役前，“陆渡口抗日殉难烈士纪念塔”和赵存祯等烈士墓碑被国民党反动派破坏。为了纪念赵存祯烈士，中共窑湾镇委员会、窑湾镇人民政府于1995年9月在赵存祯的牺牲地——窑湾镇大东门重建碑亭。

王维俭（1917—1947）

王维俭，1917年出生于新沂市窑湾镇土楼村，其父王洪剑，母亲王陆氏均系土地革命时期中共党员。1938年，邳东一带的抗日救亡运动兴起，在父亲王洪剑影响下，王维俭和其兄王维勤都参加抗日救亡运动。1939年，中共沂河区委成立后，王维俭秘密加入中国共产党。1944年9月，王维俭任沂河区委治安委员。1946年1月，建立双河区，王维俭调任双河区公安分局局长，办公地点在炮车镇。1946年秋，国民党军队大举向解放区进攻，王维俭奉命北撤到山东。1947年2月，接通知返回原地坚持斗争。2月18日，宿北干部队、宣慰大队，越过陇海铁路南下，到达潼北安峰山地区休息。20日晨，遭国民党军28师包围合击。在突围中，王维俭腿部中弹负伤。为不连累他人，他毅然饮弹殉节，壮烈牺牲。

王兆仪（1920—1943）

王兆仪，窑湾镇沂运村魏牌坊人。1934年夏天，王兆仪考取山东省临沂师范学校。1937年，王兆仪从临沂师范学校毕业，回到家中。1938年底，王兆仪投笔从戎，抗日救亡，报名参加青救团，走上抗日救亡道路。1939年5月，王兆仪被编入八路军陇海支队先遣第二梯队一大队三中队，先后参加伊庄伏击战等战斗。9月初，第二梯队转移到睢宁吕集镇休整，并被编为八路军苏皖陇海南进支队三团第五营。秋后，王兆仪随部队转移到洪泽湖边金锁镇一带活动。在革命的队伍里，王兆仪加入中国共产党。1942年，被选派到抗大五分校学习。毕业后，被分配到新四军三师某部任连指导员。1943年，日军对盐埠、淮海地区新四军驻地进行“扫荡”。在一次撤退中，王兆仪所在的连断后掩护。他带领部分战士将敌人引开，大部队安全脱险。王兆仪和所带的战士与敌人激战多时，全部壮烈牺牲。

刘谨修（1920—1952）

刘谨修，原名刘荣法，出生在窑湾镇口西村。刘谨修幼年先后在窑湾商业小学、华棠小学读书。1939年2月，日军驻扎窑湾，在窑湾造炮楼安碉堡，设岗哨。过往行人必须接受检查。刘谨修义愤填膺，决心抗日救亡。1939年春，刘谨修被宿北窑湾地下党组织秘密发展为中共党员。1940年秋，抗日环境恶化，刘谨修离开家乡，转移到宿东，将原名刘荣法改为刘谨修。因其有一定文化和对敌斗争的经验，组织上派他到沭宿海中心县委创办的抗日中学去学习。1941年夏天，刘谨修被任命为新河区区委书记。1942年9月，刘谨修调回宿北县任运河区区委书记。1943年9月，刘谨修调任墨河区任区大队长。1943年冬，日伪军“扫荡”白草塘一带，刘谨修率领区队武装及联防队，在白草塘以西阻击敌人，挫败敌人“扫荡”计划。1945年8月，刘谨修被调到宿北警卫团2营任教导员。1946年5月，该营编入淮海军分区三团，刘谨修任三团二营教导员。后该团上升编为十二纵30团，刘谨修被提升为团政委。在人民解放战争中，他随部队转战大江南北，一直从事政治工作，为部队建设作出贡献。中华人民共和国成立后，刘谨修任解放军某部团政委。1952年，刘谨修因公在安徽蚌埠殉职，时年32岁，被追认为革命烈士。

汪开福（1921—1946）

汪开福，1921出生于窑湾镇陆口村六老窑庄。汪开福7岁时，父母带他到南京卖卷烟。1937年，父母带着汪开福回到老家。1940年夏天，一百多日伪军开进陆口村，到处扫荡，杀人放火。汪开福弟弟汪友福带领一批人和日伪打起游击战。1943年，汪开福在弟弟的影响下参加革命，在陆渡口入伍，被编在新四军某部老九团。汪开福入伍后表现突出，被提拔为班长、排长。在盐滩战斗中勇敢顽强，荣立二等功，被提拔为连指导员。1946年，汪开福所在部队在沭阳县庙头集中，准备消灭驻扎在沭阳的国民党军队。战斗开始后，汪开福带领一个连战士趁敌人睡觉进行突袭，部队准备返回时，敌人组织一个团兵力，截住他们的退路。汪开福带领战士沉着应战，打退敌人一次次进攻。下午，汪开福把突击队分成四个组，轮番掩护撤退。撤到河边时，汪开福带领一个班断后掩护。这时汪开福的左腿中弹，但他仍趴在河边，用轻机枪奋力向敌人扫射。战友们安全过河，汪开福和十几位战友光荣牺牲。

徐松年（1922—1943）

徐松年，又名徐旭，出生于邳州市胡圩乡。1939年初，徐松年受其叔父徐剑樵影响，参加抗日救国团。不久，加入中国共产党。同年3月，任宿迁县五区区委宣传委员。6月，中共宿迁县委派徐松年和县委交通员闫泗元到窑湾镇发展党员，建立党组织。徐松年在东宁镇、陆营一带发展党员10余人，建立陆营党支部，徐松年任支部书记。1940年4月，徐松年任宿迁县五区区委书记。同年10月，徐松年调宿迁县委负责民运工作。1941年1月，调任沭阳县二区区委书记。同年8月，调任东海县委组织部长，化名赵子明。1942

年8月，徐松年在东海赵庄被捕。在敌人严刑拷打下，徐松年也没有交代自己的身份，被押送徐州日本宪兵队罚劳役。后因叛徒出卖，身份暴露，敌人将他作为要犯进行审讯，妄图从他的嘴里得到东海县委的组织情况。徐松年始终没有向敌人屈服，于1943年1月被日军杀害于徐州，年仅21岁。

吴维纯（1923—1948）

吴维纯，出生在窑湾镇五墩村陆营庄。1945年5月，22岁的吴维纯参加宿北县大队，成为一名革命战士。入伍三个月后，加入中国共产党。抗战胜利后他随县大队在宿北、潼阳之间坚持战斗，先后参加过大小数十次战斗。他曾在棋盘、神山、南洞等战斗中缴获步枪8支，子弹17排，手榴弹4枚，俘敌8名，立三等功两次，四等功两次。1948年6月24日，宿北独立团打下马圩据点。25日上午，国民党宿迁五区区队300多人和国民党59师180旅补充营的两个连前来争夺据点，宿北独立团分三路予以还击。吴维纯所在的二连在庄林场痛击来敌。吴维纯发现敌人的一个机枪手逃跑后，奋勇追击，被敌人机枪扫射腹部中弹，肠子流了出来，倒在地上。他忍着巨痛，将肠子揉进肚里，坚持战斗。当战友们找到他时，他已英勇牺牲。1948年7月7日，宿北独立团在驻地召开评功表彰大会，吴维纯被评为一等功臣。

王新启（1925—1947）

王新启，出生在窑湾镇杨场村。1946年夏，窑湾区政府召开大会，动员青年报名参军。王新启报名参军。入伍后，他勤奋学习，刻苦训练，经过短期的集训之后被分配在淮海军分区三团六连当战士。在跟随部队的战斗中，他不怕牺牲，机智勇敢，部队整编时让他担任六连机枪手。1947年4月，在沭阳花井房战斗中，王新启所在的六连担任主攻。连长不幸牺牲后，战士们悲愤异常，高呼为连长报仇的口号冲出战壕，向敌人杀去。王新启抱着机枪，边冲锋边射击，枪管烫伤了他的手，但他仍坚持战斗。激战中，王新启不幸头部中弹，壮烈牺牲。

窑湾革命烈士英名录

表 13

姓　名	出生时间	籍贯	参加革命时间	牺牲时所在单位	职务	牺牲时间及地点
汪庆鑫	1907	三桥			区委委员	1930 年邳县牺牲
陈　端	1912	万庄	1930	宿北县大队	班长	1937 年因战牺牲
孙连太	1915	钱口	1940.4	宿北县大队	战士	1940 年 8 月沭阳因战牺牲
黄井福	1924	窑湾	1938.8	小九团	战士	1942 年 12 月窑湾陆渡口战斗牺牲
王会儒	1921	臧圩			地下工作者	1942年12月窑湾姜庄被捕牺牲
孟宪财	1925	刘宅	1943	宿北县大队	班长	1944 年窑湾六座窑战斗牺牲
王培荣	1922	胜利	1940	游击队	队长	1944 年窑湾四座窑战斗牺牲
徐其军	1913	马圩		马圩乡模范队	副队长	1945 年窑湾马圩被捕牺牲
臧公太	1923	臧圩		窑湾区财粮股		1945 年窑湾马圩被捕牺牲
吴本昌	1919	钱口	1943	宿北县大队	班长	1945 年 8 月新沂县丰城战斗牺牲
季德胜	1907	臧圩	1941	六分区独立三团	侦察员	1945 年宿迁县皂河被捕牺牲
颜崇华	1927	窑湾	1943		班长	1945 年安徽洪泽县因战牺牲
李福胜	1925	臧圩	1940		连长	1946 年盐城因战牺牲
黄井先	1925.10	窑湾	1945.7		战士	1946 年山东小窑战斗牺牲
蒋振华	1923.4	刘宅	1944.2		战士	1946 盐城阜宁因战牺牲
臧公胜	1924	胜利	1946		战士	1946 宿迁苗庄战斗牺牲
沈克胜	1923.3	窑湾	1944.7	新四军二纵五旅十四团二营三连	战士	1946 年 5 月四平因战牺牲
杨德标	1920.8	窑湾	1943.9	新四军三师七旅二十团十一连	战士	1946 年 5 月四平因战牺牲
沈召升	1950	三桥	1972	山东省潍德县炮兵排	排长	1974 年因公牺牲
王广才	1921	胜利	1946	淮海独立旅	战士	1946 年 10 月新沂县高流战斗牺牲
胡永贵	1923.3	马圩	1944	宿北是大队二营	副排长	1947 年宿迁战斗牺牲
孔现云	1923	胜利	1946	九团	战士	1946 年 12 月新沂县棋盘战斗牺牲
王保期	1927	胜利	1946.9	宿北县大队独立团	战士	1947 年宿迁县峰山战斗牺牲
阎长俊	1926.3	口西	1945.9		战士	1947 年宿迁县峰山战斗牺牲

续表

姓　名	出生时间	籍贯	参加革命时间	牺牲时所在单位	职务	牺牲时间及地点
钱荣余	1925	钱口	1946.12	十二纵队七十七团三营七连	战士	1947年洪泽湖高圩子战斗牺牲
杨艳芝	1916	刘宅	1939	十旅三十团三营七连二排	战士	1947年宿迁峰山战斗牺牲
王安乐	1925	臧圩	1944.2	华东野战军十二纵队三十五旅一〇五团三营七连	班长	1947年盐城战斗牺牲
冯维珍	1926	刘宅	1946	十旅三十团七连二排	战士	1947年宿迁峰山战斗牺牲
杨洪泽	1921	万庄	1946.10	宿北县大队	排长	1947年4月潼阳县小晏圩战斗牺牲
王新启	1924	杨场	1946	淮海三团二营九连三排	战士	1947年4月沭阳县花井房战斗牺牲
郭继堂	1916	口西	1946.3	华东野战军一纵一旅四连	战士	1947年山东刘庄战斗牺牲
王如胜	1920	臧许	1944.10	宿北县大队	班长	1947年10月棋盘全李庄战斗牺牲
项宗权	1926	万庄	1946.2	宿北县大队	班长	
张景胜	1910	胜利	1935	华东野战军十二纵七师六炮队	指导员	1948年徐州战斗牺牲
吴维纯	1923	五墩	1945	宿北县大队	连长	1948年新沂县桥北镇战斗牺牲
朱法芝	1925	口西	1947	宿北县大队	战士	1948年新沂县城岗战斗牺牲
臧宣德	1929	窑湾	1945		战士	1948年睢宁县战斗牺牲
王如胜	1922	臧圩	1946.6	十二纵队独立营	排长	1946年新沂县陆沟因战牺牲
张言同	1929	胜利	1946.7	宿北县大队	战士	1946年宿迁县苗庄战斗牺牲
王怀化	1920	胜利	1947	宿北县大队七连	战士	1948年新沂县陆圩战斗牺牲
孙敬昌	1923	胜利	1946	淮海独立旅	排长	1948年新沂涟水县战斗牺牲
吴景象	1921.8	窑湾	1946.9	华野十二纵队三十六旅一0七团二营一连	战士	1948年泗阳县泥庄战斗牺牲
阎志磊	1926.2	口西	1946.4	一师二十八团一营一连	班长	1948年6月河北龙王殿战斗牺牲
刘全德	1901.3	刘宅		刘庄农会	会长	1948年秋新沂县臧口战斗牺牲
戴洪才	1910	胜利	1946.8	游击区队七连	班长	1948年9月新沂县臧口战斗牺牲
钱昆营	1912.11	刘宅			民工	1948年10月新沂县窑湾战斗牺牲
许遵乐	1922	臧圩	1946.2	华东野战军十二纵队一〇五团	排长	1948年10月泗阳县王集战斗牺牲
臧公福	1927	胜利	1945	十四团五营	战士	1949年宿北县战斗牺牲

续表

姓　名	出生时间	籍贯	参加革命时间	牺牲时所在单位	职务	牺牲时间及地点
王兆堂	1928	臧圩			民工	1949年窑湾小街被捕牺牲
曹宗德	1926	窑湾	1942	十四军	连长	1949年上海市桥头镇战斗牺牲
张景琪	1921.2	臧圩	1943	三十九军一一七师三五一团机枪连	班长	1949年广西战斗牺牲
赵立顺	1923.3	二湾	1940	二湾大队头湾生产队	社员	因公牺牲，1950年追认
刘继贤	1930	五墩	1948.5	志愿军二十七军八十师二营炮班	战士	1950年12月抗美援朝战争牺牲
刘锚	1928.6	五墩	1948	志愿军某部	战士	1951年抗美援朝战争牺牲
唐文楼	1930	窑湾	1949.12	五十一军一五二师二营五连	战士	1951年4月广西新桥战斗牺牲
冯明军	1924	胜利	1944	志愿军某部	战士	1951年抗美援朝战争牺牲
王汉雨	1923	杨场	1948	志愿军二十七军教导团二营三连一排	班长	1952年抗美援朝战争牺牲
刘瑾修	1920.9	口西	1938	三二〇三部队	团政委	1952年3安徽蚌埠因公牺牲
徐敏振	1929	胜利	1946	三十军	战士	1951年10月沭阳县战斗牺牲
刘尚勇	1923.9	刘宅	1948	志愿军二十七军教导团三营九连二排	战士	1952年抗美援朝战争牺牲
王汉雨		窑湾				1982年5月25日县政府追认
汪庄辛		窑湾				1982年5月25日县政府追认
毛景堂	1926	五墩	1945	志愿军军部	战士	1952年抗美援朝战争牺牲
朱继文	1921	曹窑村	1944	新四军二师五旅战士		1945年孔庙战斗牺牲
胡希坤	1916	曹窑	1949	东北民主联军连指导员		1946年四平街牺牲
李华中	1928	曹窑	1947	战士		1948年6月东海上房牺牲
苗德全	1928	平楼	1944	班长		1947年涟水战斗牺牲
吕德友	1923	王沃	1947	排长		1949年4月渡口战役牺牲
王安忠	1930	土楼	1947	战士		1948东海安峰山战役牺牲
王文坡	1926	土楼	1944	战士		1945年沭阳县因战牺牲
王其邦	1915	土楼	1939	团长		1948年大别山牺牲
杨伯春	1923	王楼	1946	战士		1947年大别山牺牲
周元胜	1923	丁场	1946.9	战士		1947年高流战斗牺牲
陆华胜	1916	陆口	1937	战士		1941年台儿庄战斗牺牲
胡贵益	1930	陆口	1946.10	战士		1947年7月陆沟战斗牺牲

续表

姓　名	出生时间	籍贯	参加革命时间	牺牲时所在单位	职务	牺牲时间及地点
许道户	1923	曹窑	1939	营长		1946年四平街牺牲
许道旬	1929	曹窑	1947	宿北大队机枪手		1947年洪泽湖牺牲
郝明顺	1921	官界	1943	战士		1946年四平街牺牲
蔡夫星	1921	官界	1946.9	战士		1947年峰山战斗牺牲
柳文彦	1923	腰庄	1942.9	班长		1947年4月孟良崮战役牺牲
赵俊哲	1913	腰庄	1940.10	战士		1941年7月窑湾李圩放哨时被敌放枪射击牺牲
陆伯柱	1913	腰庄	1940.5	战士		1941年12年窑湾六座窑战斗牺牲
郭怀成	1923	王楼	1943.11	营通讯员		1947年6月泗阳大王集战斗牺牲
彭其文	1920.7	庄林	1947.7	连长		1948年5月沭阳县伲庄战斗牺牲
王会镇	1931	王楼	1944	志愿军机枪班长		1953年抗美援朝战争牺牲
吴常青	1920	王楼	1944	机枪班长		1947年涟水苏家嘴战斗牺牲
彭振星	1924	王楼	1941.5	班长		1946年四平街牺牲
王如斌	1925	王楼	1942.8	战士		1944年安徽战斗牺牲
王照民	1922	王楼	1943	排长		1947年6月埝头战斗牺牲
李步约	1915	王楼	1939	战士		1942年7月王楼战斗牺牲
王洪然	1922	腰庄	1942	连长		1947年峰山战斗牺牲
李继合	1918	陆口	1937.8	班长		1941年1月枣庄战斗牺牲
李小群	1926	王楼	1942.8	战士		1943年9月东台因战牺牲
白贯文	1922	庄林	1942	营文书		1948年碾庄陈集战斗牺牲
徐俊昌	1916	庄林	1943	排长		1946年四平街牺牲
郝习胜	1930	王楼	1951	战士		1953年抗美援朝战争牺牲
王荣誉	1922	腰庄	1939.9	连长		1944年安徽蒙城战斗牺牲
郭怀松	1919	王楼	1932	团长		1941年在三棵树被捕牺牲
鲍昌松	1929	腰庄	1947.8	机枪手		1948年东海上房牺牲
闫宗祥	1921	许楼	1944	机枪班长		1946年涟水县苏家嘴战斗牺牲
许仰坤	1916	土楼	1939.12	地下工作者		1944年窑湾北门被捕牺牲
王超群	1921	土楼	1939	支队宣传员		1946年在土楼被叛徒出卖被捕牺牲
张春樊	1925	臧许	1937	战士		1940年在涟水因战牺牲
王维泗	1915	官场	不详	地下工作者		1937年王楼乡小王庄被捕牺牲
王奎召	1919	沂运	不详	地下工作者		1941年被捕牺牲
闫程光	1892		1927			1930年7月21日古邳暴动中牺牲

续表

姓　名	出生时间	籍贯	参加革命时间	牺牲时所在单位	职务	牺牲时间及地点
王兆瑞	1920	沂运	1938	王楼村支部书记		1942年被叛徒出卖牺牲
孙敬灼	1923	沂运	1941	马陵大队战士		1943年戚家沟战斗牺牲
徐友才	1927	沂运	1944	马陵大队通讯员		1947年棋盘东九子庄战斗牺牲
蔡绍雨	1920	沂运	1943	警卫团战士		1947年曹刘蔼战斗牺牲
张如亮	1930	沂运	1945.8	马陵大队通讯员		1946年阴历正月初三窑湾战斗牺牲
陈棉云	1924	沂运	1944.7	马陵大队班长		1947年12月半城战斗牺牲
王兆仪	1920	沂运	1937	连指导员		1943年3月陕北延安牺牲
吴永冒	1924	许楼	1945	三支队排长		1948年涟水县王集战斗牺牲
许仰圈	1925	许楼	1946.8	班长		1948年6月东海县上房牺牲
许如仅	1924	许楼	1946.4	排长		1948年6月邵店战斗牺牲
张兴武	1930	许楼	1946.3	班长		1947年9月沭阳县牺牲
尚德志	1923	王场	1944.7	排长		1947年9月宿迁县峰山战斗牺牲
闫四行	1916	王场	1935	战士		1938年1月在王场蚕场大桥被捕牺牲
王胜为	1927	王场	1943	战士		1947年堰头战斗牺牲
蔡克玉	1905	陆口	1936	四大队连长		1939年棋盘大墩战斗牺牲
许道明	1926	曹窑	1945.10	五旅班长		1947年涟水战斗牺牲
王守亮	1906	陈宅	1926	区委书记		1930年7月21日旧州古邳暴动中牺牲
黄景武	1906	陈宅	1926	区委委员		1930年7月21日旧州古邳暴动中牺牲
许汝青	1910	许楼	1939.12	游击队长		1947年北撤时，被叛徒出卖在庄林村牺牲
闫宗鲁	1916	王楼	1934	区委书记		1938年叛徒出卖被捕牺牲
许仰标	1919	许楼	1935	副队长		1939年10月在许楼被叛徒出卖牺牲
王维俭	1917	土楼	1939	炮车公安分局长		1947年在东海县安峰山牺牲
王洪剑	1892	土楼	1931	邳县县委委员		1945年在土楼被捕牺牲
王荣先	1920	土楼	不详	土楼乡财粮股长		1946年窑湾臧口战斗牺牲
陆华点	1921	陆口	1938	连长、陆口村长		1946年窑湾在李圩战斗牺牲
庄玉青	1911	庄林	1945	庄林村长		1946年9月在庄林被捕牺牲
徐大连	1895	庄林	1945	农会长		1946年被捕牺牲
曹夫胜	1927	陈宅	1944.8	战士		1946年失踪牺牲
闫成光	1892	官场	1927			1930年古邳暴动中牺牲
钱怀新	1917	臧许	1940	地下工作者		1948年2月徐州敌狱中牺牲

运河美食 庄安乐 摄

7

知味窑湾

中国人对于味道的执着似乎是与生俱来的，家乡的味道、妈妈的味道，是舌尖的记忆、情感的牵绊、文化的传承。作为运河百道湾的最美之湾，窑湾之味亦是如此，承载运河历史，融合运河文化，源远流长，经久不衰。

运河水滋养出丰富的原料，是大自然馈赠给窑湾的“风味”。窑湾三面环水，过着靠水吃水生活方式的窑湾人民，味蕾上最熟悉的记忆，便是“鲜”到极致的味道。俗话说“世上有三苦，撑船打铁磨豆腐”，渔民用极其辛劳的方式努力获得大自然的馈赠。骆马湖似乎明白渔民的不易，用清纯的水质，为窑湾提供丰富多样的“鲜味”，包括“三鲜”“三白”“六大名旦”。春夏秋冬，“水”便是窑湾最肥沃的土壤，源源不断地为窑湾人民提供时令鲜味。

水运时代中盐与时间的碰撞，为窑湾增加新的“调味”。明清时期，盐由官府统购统销。作为运河码头的窑湾，经常有朝廷的盐运船只停靠装卸，资金雄厚的盐商、官方直营的盐、以运河为生的往来船只，为窑湾带来味道的魔术师——酱园。窑湾酱园的神奇之处，在于由“咸”到“甜”的变化。窑湾名医宗柏云，在酱油的基础上研制出鲜、甜、浓、香的调味佳品——甜油。集调味、保健于一身的甜油，曾随运河销往大江南北，时过境迁，工业时代快节奏的冲击，需要等待的美味，存活得极其不易，但它依旧努力为窑湾记录下这场“咸”“甜”交替的精彩演出。

南来北往，商贾云集，融合出独属于窑湾的“滋味”。窑湾船菜，作为苏北厨艺一绝，是一个难以精准形容味道的菜系，它既有鲁菜的鲜咸脆嫩，徽菜的酱香柔和，又兼容川菜的酸麻辛辣，更渗透淮扬菜的清淡略甜。若是非要说明一下它的特点，恐怕用一个“融”字形容，最为贴切。窑湾船菜最早的发明者是窑湾渔民，渔民们就地取材，一瓢湖水加上湖里的特色时鲜，简单烹制，便成为果腹的佳肴。明末清初，一些官员、商贾名流汇聚于此，带来多样的烹调技术，原始船菜变成宴席的主角，精细的烹饪手段、漂亮的艺术造型，今日所食船菜日渐成型。善于接纳与创新的窑湾人民，用船菜的演变，诉说古镇的前世今生。

寻味窑湾，吃着被甜油加持后的船菜，品着桂花云片糕“步步高升”吉祥寓意，闻着酒香飘逸的绿豆烧，听着古镇中流传的历史故事，时空在味蕾上交错，带着我们感受着这位行吟在运河边上的千年老者……

湖鲜名产

骆马湖，水质清纯，水产资源丰富，盛产鱼、虾、蟹、鳖等60多种名贵水产品。人们也赋予这些名贵水产许多美誉雅号。其中银鱼、青虾、螃蟹被誉为骆马湖“三鲜”。白虾、银鱼、白丝被称为“三白”，青虾、银鱼、鳜鱼、黄颡鱼、乌鳢、翘嘴红鲌又被誉为骆马湖“六大名旦”。

青虾　骆马湖青虾通体青蓝，呈半透明状，肉质紧实、富有弹性。骆马湖青虾营养丰富，且肉质滑嫩，口感上佳。青虾对水质要求很高，是不受污染的环保食品。

银鱼　骆马湖银鱼有大银鱼和小银鱼两种，小银鱼为多。每年5月中旬至6月中下旬为捕捞汛期。骆马湖银鱼营养丰富，含有大量蛋白质和氨基酸，肉质细腻，洁白鲜嫩，无鳞无刺，无骨无肠，无腥，含多种营养成分，人称“鱼参”。经过曝晒制成的银鱼干，色、香、味、形经久不变。骆马湖银鱼除供内需外，还大量出口海外。

螃蟹　骆马湖生态系统保存完好，是螃蟹生长定居的理想场所。骆马湖螃蟹，个体硕大，雄者脂白如玉，雌者脂黄似金，是难得的风味佳肴。窑湾镇紧靠骆马湖，养蟹2万多亩，是苏北河蟹养殖示范基地。骆马湖螃蟹是无公害的绿色水产品，倍受消费者青睐，在周边一带享有盛名。

鳜鱼　骆马湖鳜鱼当地称为鲫花鱼，属凶猛肉食性鱼类，性凶猛，常以其他鱼类为食。骆马湖鳜鱼肉质细嫩，味道鲜美，无细刺，特别适合老年人和儿童食用。富含蛋白质和多种维生素，是补虚益气的食疗佳品。

黄颡鱼　骆马湖黄颡鱼又名昂刺，会发出吱吱的叫声，当地人又称为吱蛤蚧，是肉食性为主的杂食性鱼类，肉质细嫩，少刺，适合于烧炖，为进补食疗佳品。

乌鳢　骆马湖乌鳢，当地人称为黑鱼。是一种凶猛的肉食性鱼类。乌鳢肉质细嫩，口味鲜美，且营养价值颇高，是人们喜爱的上乘菜肴。有生肌补血、加速愈合伤口的作用，当地人多用于病后、产后以及手术后食用。

青虾 窑湾镇政府 供图

银鱼 窑湾镇政府 供图

翘嘴红鲌　骆马湖翘嘴红鲌，当地称为白丝，体型较大，最大者重10千克以上。体细长，鳞小。属中、上层大型淡水凶猛肉食性鱼类，生长迅速，其肉洁白鲜嫩，蛋白质丰富，营养价值较高，为中国四大名鱼之一。

白虾　骆马湖白虾甲壳较薄、色素细胞少，平时身体透明，死后或炒（煮）肉色均呈白色，故名。白虾营养丰富，含有大量微量元素，肉质松软，易消化，是著名的湖鲜美味。

窑湾绿豆烧

窑湾绿豆烧，江苏八大名酒之一，中国国家地理标志产品。窑湾绿豆烧的前身为绿酒。明嘉靖三十八年（1559），李时珍针对宫廷官员营养过剩、身体偏胖、无力、时头晕、易生病等症状，配制有清热解毒、强身健体之功效的药酒，因酒色微绿，时称“绿酒”。明亡之际，赵御医（赵学敏的爷爷）携带绿酒配方逃出京城，回到江西老家。郯城大地震波及窑湾，灾后瘟疫盛行。赵学敏连同在窑湾隐居的同宗御医宗柏云等人拿出“绿酒”配方，运用当地的瓦罐酒制作工艺，熬制药酒，供灾民饮用，遏制瘟疫。之后又根据不

窑湾绿豆烧　窑湾镇政府　供图

同人群需要，对配方进行调整，加入适量冰糖、白糖，酿制出色绿味甜，绵软浓淳，有健身防病养颜润肤功效的“瓦罐绿酒”，成为人们喜爱的保健佳酿。

清代窑湾药堂众多，有“松柏堂”“德全堂”“济世堂”等，这些药堂和酒坊合作生产，推进窑湾绿豆烧酒业发展。至清末，窑湾生产绿豆烧的有赵信隆、万茂、公盛涌、聚泉涌、李义盛5家酒坊。中华人民共和国成立后，窑湾几家绿豆烧酒坊合并，后迁入新沂酒厂。1996年，窑湾重建绿豆烧酒坊，先后有万茂酒业、华棠酒业、万昌酒业、龙缘酒业等公司生产窑湾绿豆烧酒，市场需求旺盛。华棠绿豆烧酒业有限公司为徐州市非物质文化遗产保护单位。

窑湾绿豆烧以优质大麦、小麦和豌豆为原料，采用传统作坊酿造成大曲酒，配以红参、当归、杜仲、淡竹叶、虫衣、砂仁、栀子、藏红花等40余味中草药和冰糖、白砂糖，经过入缸静止沉淀，并让酒、药、糖慢慢融为一体，经一定时间后而成。该酒色如金箔，香醇甜美、酒性正和、回味悠长，具有舒筋、活血等功效，深受广大消费者喜爱。清末民初，窑湾绿豆烧由中外各地商人和美、英传教士传入南洋和欧美各地，在海外被誉为“中国的白兰地”“东方的XO”。2007年，“窑湾绿豆烧”酒被公布为徐州市非物质文化遗产保护项目。2012年4月，被国家质检总局批准为国家地理标志保护产品。2013年，窑湾绿豆烧制作质量标准被江苏省质量技术监督局公布为江苏省地方标准。

窑湾甜油

窑湾甜油

窑湾甜油，始于清朝康熙年间，窑湾名医宗柏云将养生理念融入传统的酱油酿造工艺，研制出一种新的调味品，因其鲜味异常，余味微甜，当地俗语称之为“甜油”，距今300多年历史。2006年5月，最有名的甜油生产作坊赵信隆酱园被评定为江苏省级文物保护单位。

窑湾甜油制作流程十分讲究，生产共有“选料、制坯、蒸煮、制曲、发酵、曝晒、沉浮去淀、低温消毒”八道工序。甜油酿法是以小麦面粉、水和腌制食盐为原料，在每年春天取小麦熟面块遮光高温发酵，待面块生出乳黄色菌性线绒，将其从室内搬出在通风处晾干，放入露天大缸内加水浸泡。立秋之后，历时180天日晒夜露，从缸中的滤筒内取出的杏黄色液体即甜油。

甜油酱香浓郁，色泽清澈，鲜美爽口，体态浓厚，集鲜、甜、浓、香于一体，可取代味精调味，既可用于凉拌，亦可用于烧炒。特别是甜油以传统工艺制作，不含防腐剂，又富含多种氨基酸，可滋阴养肾，增强人体免疫力，有健胃、美容的功效。2013年，入选徐州市非遗保护项目名录。

酱园飘香　韩青松　摄

窑湾船菜

窑湾船菜

船菜兴起

窑湾船菜可溯源到秦汉时期，窑湾地区历史地势低洼，人们亲水而居，养成食用水生动植物的习惯。骆马湖上渔民在船上招待朋友或自家食用就地取材，简单烹制菜品，经过一代又一代渔家人的不断改良，至明代形成颇具地方特色的菜系。丰富的水产，也为窑湾船菜的形成与发展提供得天独厚的条件。明中期，开泇通运后，窑湾迅速成为经济繁荣、商贸发达的商业重镇，南北客商云集窑湾，定居、经商。明末清初，一些明朝旧官、御医和御厨或贬或迁来到窑湾，也为窑湾船菜的发展作出贡献。南北各种菜系特色在窑湾融汇，使窑湾船菜日渐成熟，从渔家菜发展成一方招牌美食，登上大雅之堂。地方官员、社会名流、外国商人、南北客商等常以船菜待客。水上经营的传统船菜满足不了众多客商的饮食需求，就移到街镇上酒楼操办。到民国初期，窑湾船菜馆已发展到32家，达到鼎盛时期。民国时期，窑湾的船菜名厨有王田、杨树典、薄继岭、周俊甫、陆俊峰、马学山等人，厨艺各有绝学。窑湾船菜馆的传承也十分久远。清康熙七年（1668），窑湾船菜馆由镇上烹饪大师李从方首创，清咸丰年间，王先堂为师传第五代传承人。该船菜馆兴衰沉浮四十余年，至清光绪二十七年（1901），陆文山为师传第七代传承人。2014年，窑湾船菜馆的主厨周刚要成为第十二代传承人。

窑湾船菜食材多为骆马湖的特色时鲜，如鳜鱼、银鱼、青虾、螃蟹等，素菜原料也以湖鲜为主，如藕、菱角米、蒲菜、鸡头米、藕葶、荸荠等。还有便于船上携带的食材，如腊肉、咸鸭蛋、粉丝、干菜等。

窑湾船菜烹调精细，融合南北方口味，中和了淮扬菜、福建菜等多种菜系的优点，形成自己堪称苏北一绝的独特菜品。其中尤以鱼为胜，如红烧鳜鱼、清蒸白丝、红烧甲鱼、大闸鱼、咸鱼烧肉、鲫鱼喝饼等；汤羹类如银鱼鸡蛋汤、长鱼辣汤、香菜鱼脸粥等等；凉菜类也不乏鱼类，如毛刀鱼、腊鲜鱼、酥野生鲫鱼等。烹调具有时令特色，春夏秋冬，四季时鲜不断，即时烹调，鲜美可口。

大闸鱼　杨军摄　摄

漕运兴盛时期，窑湾船菜以商贾名人消费为主，讲究“名”“型”“乐”，在菜品名称上常常用吉祥菜名调节食客情绪，如“万事如意”“日进斗金”“福寿满堂”“富贵鱼头”等吉祥祝福菜名，也有满园春色、一孝千金等颇为文雅的菜名，菜品多用艺术造型和色彩搭配，给人视觉享受。

窑湾船菜求精求新，声名鹊起，许多名人都被窑湾船菜的特色美味折服。据传，乾隆皇帝第四次南巡至窑湾，吃窑湾船菜，龙颜大悦，挥笔写下“味极天下”四个大字，现今窑湾船菜馆还挂着这块牌匾。民国元老、著名书法家于右任曾为同道成钱庄老板梁莨忱之子梁寿安题写店牌，梁老板用窑湾船菜盛情款待。于右任品尝之后，甚为赞赏，欣然挥毫撰写“香飘苏北一千里，味胜江淮三万

马蹄湖蚌　窑湾镇政府　供图

银鱼抱蛋　窑湾镇政府　供图

尖椒小鱼　窑湾镇政府　供图

窑湾船菜

家”楹联一副，悬挂在钱庄客厅内。现在的窑湾船菜馆，经常接待各界知名人士，歌唱家李双江、著名影视明星斯琴高娃等，都对窑湾船菜馆的厨艺赞不绝口。

2017年，窑湾船菜馆被评为“徐州旅游特色餐饮名店”。2021年11月，窑湾船菜制作技艺入选市级非物质文化遗产代表性项目名录。

如今，窑湾船菜颇具名气，一些精明的商人将船菜馆开到外省市，成为窑湾运河文化输出的一张名片。

代表菜品

富贵鱼头　以花鲢鱼头2500克，劈成两片，加入各种佐料，以特殊工艺熬制，加入笋片、香菇、鸡汤、三鲜水饺等，制成后色泽乳白、汤汁稠浓、鱼头肥嫩，味鲜适口。

银鱼抱蛋　骆马湖银鱼体细身圆、光滑无鳞，通体洁白透明如玉，肉质细嫩鲜美，有“水中人参”的美誉。将银鱼与鸡蛋拌炒，鸡蛋色泽金黄，银鱼好似银条，相抱成团，入口软香，回味悠久，为宴客上等佳肴。2020年10月入选江苏省百道乡土地标菜。

八仙烩　俗称锅贴杂鱼，是骆马湖渔民的普通船菜。将青鱼、鲫鱼、黄颡鱼等不同种类的鱼洗净放入铁锅，加入佐料和湖水，在铁锅四周贴上面饼，鱼熟饼熟，殊有风味。

浪里白跳　即红烧白鱼。白鱼即翘嘴红鲌，又称白丝。体长，口大，以鱼、虾和水生昆虫为食，大者可达十余斤。肉质洁白鲜嫩，营养丰富，具有很高的经济价值，为中国四大淡水名鱼之一。厨家选用750克左右白鱼，用多种佐料，以精细工艺烹制而成，汁浓味厚，鲜嫩郁香，有益气补中、补肾填精之效。

金屋藏娇　即香酥刀鱼，选用骆马湖刀鱼，佐以蛋清、淀粉等各色配料油炸而成。色泽金黄，外酥里嫩，味道鲜美。

竹香虾仁　用骆马湖青虾取仁，加入各种佐料配菜和竹叶等炒制而成，口感鲜嫩有竹香味，滑而爽口。

一孝千金　即滑炒鱼片，选用有孝鱼之称的乌鳢（黑鱼）为主料精心烹制而成，具有松滑爽口、郁香诱人之美味和暖胃平肝、祛风补虚之功效，是新沂一道著名特色菜肴。

马蹄湖蚌　为骆马湖船家汤菜。用湖蚌和马蹄（荸荠）一起烹煮，配上佐料，口味清香鲜美，不仅营养丰富，而且具有滋阴之效。

清蒸湖蟹　为时令湖鲜佳品。以秋熟肥蟹清蒸，呈赭红色，手剥沾以姜末香醋，

碧玉俏佳人　即菱角米炒虾仁。以骆马湖青虾仁，加入盐、葱姜等调料，以蛋清调匀，配以新鲜菱角米，热油爆炒而成。虾仁口感鲜嫩，菱角米脆香爽口。

特色糕点

清朝初年，南明弘光帝御厨、镇江人马洪为避战祸移居窑湾，将其糕点制作技艺传入窑湾。抗战前，窑湾糕点店多达20余家，桂花云片糕、寸金糖、糯米金果、绿豆糕、三刀、角蜜、桃酥、中秋月饼、百合酥、花生糖等至今仍为窑湾特色精品糕点。其中桂花云片糕、三刀、角蜜、桃酥被称为“窑湾四喜”，为馈赠佳品。

桂花云片糕

桂花云片糕又名云片糕、桂片、雪片糕，以苏南优质糯米为基料，辅以桂花香料、食油、糖等，通过温水浸泡阴干、炒成米花、磨

云片糕　窑湾镇政府　供图

上左：寸金糖　　上右：糯米金果　　下左：三刀　　下右：桃酥　窑湾镇政府　供图

成米粉、加料合成等复杂工艺，制成约25厘米长、2厘米高、5厘米宽的条形糕块，然后用特制刀具，切成底部粘连的320片左右。成品桂片糕白如玉、薄如纸、剥取易离、折而不断、卷而不碎、点火能燃、入口绵香，回味悠长。由于“糕”与“高”同音，桂花云片糕又被赋予“步步高”的含义，逢年过节当地人经常买云片糕，除了己用，还可以馈赠他人，取其寓意“一年更比一年高（同音），一年比一年好！”新娘子出嫁时，也要带上桂花云片糕，这已成为窑湾周边一带优美的民俗风情。

寸金糖

寸金糖为传统糖制食品，其制作工艺在清初传入。寸金糖选用优质饴糖、白糖、芝麻、面粉、桂花、橘皮、香油等原料，经过制馅、化糖熬糖、揉糖冷却、拔糖碾皮、包馅、压条切块、冷却包装等复杂工序制作而成。寸金糖色泽金黄，糖体整齐、松散、粗细均匀，表面芝麻均匀、牢固，两边断面可以看到依次分层十分鲜明的芝麻、糖皮和夹馅。因其外形为一寸长的金黄色圆棍形，故称为寸金糖。寸金糖糖皮坚脆、夹馅松散，香甜利口，带有芝麻、桂花、橘饼的香味，不粘牙，不发皮，口味极佳，深受广大消费者欢迎。

糯米金果

糯米金果主原料为糯米粉、食用油和绵白糖等。将糯米浸泡晾干，磨成粉，拌和成面团，拉成条状，切成3—5厘米的条块，下锅炸成微黄果坯，再粘上绵白糖。糯米金果形如雪蚕，甜酥可口，营养高，易消化，特别适合于老年人食用。

绿豆糕

窑湾绿豆糕分为南式和北式两种。绿豆糕原料为绿豆粉、绵白糖、蜂蜜、糖桂花、食用油等。制作工艺一是制粉，即将绿豆煮熟去皮制成绿豆沙；二是炒制，将绿豆沙用食用油炒制；三是加料，加入蜂蜜、白糖、糖桂花等搓拌均匀；四是压模，装入模具，压制成型取出为成品。南、北两式工艺不尽相同，口感风味亦不同，南式重糖多油，口感甜腻，北式少油清淡，口感酥爽。绿豆糕有清暑祛风，安神补气之效，是适用于老弱人群的滋补佳品。

三刀

以面粉、食用油、芝麻、白糖、蜂蜜、饴糖为原料，通过制皮、制里脊、油炸、透浆等工艺制成。成品为长方形条块，中间有两条刀痕，将表面分为三块，故称为“三刀”。三刀表面呈棕黄色，色泽光亮，表面芝麻均匀，口感鲜甜绵软，香味浓郁。

角蜜

又称羊角蜜，以其形似羊角，里面装有蜜糖制作的糖稀而得名。选用上等面粉、蜂蜜、白糖、麦芽糖、素油、糯米粉等为原料精制而成。其制作方法是将白面擀制成皮，两层中夹有白砂糖，用特制的工具做成羊角状，在热油中炸制成为中空羊角形状，趁热捞出放入配置好的糖稀浆中，利用热胀冷缩原理，让糖稀被吸入中空羊角中，然后捞出在熟糯米粉中粘拌冷却。成品里外三层：蜂蜜糖浆、角壳、粉屑。食时，咬破角壳，蜜浆流出，香甜满口，别有风味。

桃酥

窑湾桃酥为圆扁形，以优质面粉、白糖、鸡蛋、奶油、食用油、芝麻等为原料，拌制成型，烤制而成。以其干、酥、香、脆、甜，方便食用等特点闻名，馨香诱人，口味南北皆宜，是窑湾人最常食用的糕点，尤为老人和儿童喜爱。

绿豆糕　窑湾镇政府　供图

角蜜　窑湾镇政府　供图

风味小吃

糁汤

又称肉粥，为苏鲁一带传统名吃。窑湾糁汤以鸡汤熬制，内有鸡肉丝、麦仁、甜油、醋、胡椒、姜等，精致的加以鳝鱼丝；盛碗时加入鸡蛋，淋上香油，加入香菜等，浓香诱人，味美可口，是深受大众喜爱的特色小吃。

据说当年17岁的兰儿（即慈禧太后）被选为秀女，同母亲乘船北上路过窑湾买

糁汤　窑湾镇政府　供图

五香妈糊　窑湾镇政府　供图

吃的，由于天色太晚，街上只有一对卖饭的老夫妻正要打烊，他们央求老夫妻给做点吃的，老头便把剩下的麦仁稀饭和一碗鸡汤放在一起烧开，又把剩下的甜油、醋、胡椒、姜丝都放锅里一起煮。兰儿母女二人饿急了，吃过之后觉得非常鲜美，便问老头，这是什么汤？老头人老耳聋，没听清，就反问“啥”？兰儿又问了一遍，老头还是反问“啥”？兰儿便以为这汤就叫“啥”汤。后来兰儿入宫，想起当年在窑湾喝的“啥”汤，就找到窑湾籍的监管陆修纳，让他回老家把配方要来，让御厨去做。陆修纳回到老家后找到了那对老夫妻，才弄清了原委。陆修纳给老夫妻写了一个糁汤牌子，给几两银子开个糁汤馆，从此糁汤便由窑湾传遍苏鲁大地。

五香妈糊

窑湾特有的特色小吃，用麦仁和黄豆、豌豆等杂粮配以豆干条、蔬菜和调味香料熬制成粥。口味馨香独特，经济实惠。

传说乾隆帝“南巡”到窑湾，游览回来天色已晚，乾隆帝又饿又渴，就到一家餐馆问还有什么吃的，这店家是位80多岁的老中医，他用麦仁和黄豆、豌豆等杂粮熬粥，配以豆干条、蔬菜和调味香料等，吃惯了宫廷御膳的乾隆帝，连喝了几大碗，意犹未尽，就问这是什么粥这么好喝，老人听到客人夸奖，就客气说“马马虎虎”。乾隆没听清，就问纪晓岚，纪晓岚也只是听清妈糊二字，就对乾隆说，这粥叫妈糊。乾隆直夸窑湾的五香妈糊好吃，此后，窑湾的五香妈糊就声名远播。

煎饼

煎饼是窑湾一带最为流行的乡土面食。煎饼制作一般要前一天晚上将小麦、玉米、山芋干等原料淘净泡透，第二天五更起来用驴拉石磨或人工推磨带水磨成糊状，然后在一米左右直径的生铁鏊子上一边烧火，一边用竹篾片摊制烙熟。煎饼以原粮制作，营养丰富，松酥柔软，便于存放，易于携带，是当地人不可或缺的地方主食。吃煎饼时，一般卷配各种可口炒菜，而在大小饭店以至街头的小吃摊，则流行着各种口味的“塌煎饼”。塌煎饼以韭菜、绿豆芽、黄瓜条、白菜等各种蔬菜和粉丝、豆腐皮、生鸡蛋、里脊肉等为配菜，以辣椒面、香油、食盐、味精等为佐料。根据食客的不同口味，调配不同的蔬菜、佐料，在鏊子上炒到七八成熟，倒入煎饼卷起、平压，放在烧热的鏊子上，加入食油两面按压，直到煎饼面皮焦黄，食客趁热食用，脆香可口，风味独特。

清代蒲松龄曾游马陵山三仙洞，写下《聊斋志异》中的《三仙》。路过窑湾时，蒲松龄吃过当地的煎饼，留下深刻印象，并写下《煎饼赋》，称赞煎饼“圆如望月，大如铜钲，薄似剡溪之纸，色似黄鹤之翎”。窑湾煎饼还因支援淮海战役，得到“功勋饼”的称号。窑湾战斗时，一个支前民工身前身后背着两大包煎饼，冒着弹雨上前线为前方战士送煎饼，刚送到战壕，突然被枪弹击中。战士们把他救下，发现他毫发未损，原来是胸前厚厚的煎饼挡住了子弹。后来，民工和战士们就把煎饼成为“功勋饼”。

盐豆

盐豆制作流程为精选黄豆，洗净煮烂，捞出装入蒲包，放在灶边、草垛内等发酵三四天，长出粘丝后，取出加水、盐、姜、辣椒面、花椒面等调料沤制而成。盐豆有类似臭豆腐的特殊鲜味，十分开胃。盐豆可以鲜吃，也可以晒干食用。盐豆炒鸡蛋是窑湾一道经典家常菜，还可以烧豆腐、烧白菜粉丝等，风味独特。

盐豆又称霸王豆。相传楚汉相争时，楚军将黄豆煮熟加盐下饭，一次黄豆刚煮好，汉军杀至，只得将煮好的黄豆装进蒲包放在车上带走。数天之后打开蒲包，一看煮熟的黄豆长满白丝，还有一股怪味，但又舍不得扔掉，有的士兵就在里面加盐吃，吃了竟然没事，军医为祛除怪味、预防疾病，又在里面加上生姜，没想到竟有了独特的风味，比原来更加好吃。后来，盐豆的制作方法从军中流传到项羽的家乡钟吾国（包括窑湾一带），成为乡土特色风味小菜。

拉馋

又称尖椒小鱼，是窑湾独具特色的家常菜之一。小鱼主要取材于骆马湖出产的小黄鱼，一般长不过三四厘米，渔民们将捕到的小鱼用铁锅炕干，收藏或出售，所以又叫锅炕鱼。炒菜时，先将油烧热，再将小干鱼入锅，煸炒后再放入切好的尖椒和葱姜等，炒熟加入食盐即可。辣椒炒小饼、潮牌等主食，鲜美无比，十分开胃。（拉馋为方言，即解馋的意思）

相传窑湾籍武举人马从凯年轻时与同伴练武，老是感觉食欲不振，马母从园里摘了辣椒，切碎放进油锅，放入舂上烘干的小黄鱼，锅铲翻动之中，香辣四溢，马从凯食欲大振，连吃几十张尖椒小鱼卷煎饼，浑身大汗直冒，嘴里直呼"拉馋""拉馋"！这就是拉馋名称的由来。

捆香蹄

新沂的捆香蹄，在徐州、宿迁一带家喻户晓，是逢年过节探亲访友的馈赠珍品，远销北京、上海等大中城市。捆香蹄用猪蹄的外皮裹以秘制配方配制的精肉及皮丝制作而成，外表仍为猪蹄状，晶莹如玉，风味独特，营养丰富，深受消费者喜爱，是江苏省名牌产品，徐州名特优旅游商品。

相传朱元璋幼年时曾投靠新沂骆马湖边的姑姑家，特别喜欢吃王屠户家的捆猪蹄。据说王屠户是得到仙人指点，发明了捆猪蹄的制作技艺，制作的捆猪蹄香美可口，朱元璋常吃不厌。后来，朱元璋做皇帝，想起窑湾的捆猪蹄，派人请王屠夫进宫为他做捆猪蹄，王屠户死活不去。朱元璋十分生气，就以捆猪蹄的"猪"字与"朱"同音为由，下令禁止他再做捆猪蹄。这王屠户却也聪明，就把"猪"字改为"香"字，"捆猪蹄"就变成了"捆香蹄"。

8 风情窑湾

近年来，“夜经济”这个看似新鲜的热词，频频走进大众视线，浪漫的中国人用“人间烟火气”赋予夜市抚慰每个平凡人心灵的能力。但夜经济并非现代社会的专属品，它由来已久，明清时期是中国夜市发展的鼎盛时期，窑湾作为大运河的重要节点，伴随漕运的兴盛，“夜猫子集”应运而生。

古镇风情　钱小平　摄

“夜猫子集”，当地人称之为“鬼市”。由于赶集的人极像昼伏夜出的“猫头鹰”（又名夜猫子），因此人们又形象地把这种在夜间交易的集市称为“夜猫子集”。窑湾至今还保留着“半夜开张，天明罢市”的传统早市——“夜猫子集”。如今，古镇漕运繁华不再，“夜猫子集”却成为窑湾独特的文化遗存。窑湾古镇中西大街的民俗史话馆中专门开设“夜猫子集展厅”，通过雕塑、绘画、塑像与声光电相结合的形式，栩栩如生地再现当年夜猫子集的热闹与繁荣景象。一方水土养一方人，一方人又形成一方特定的民风民俗。“夜猫子集”驰名四方延续几百年，它映衬出窑湾古镇独特的地理环境、社会环境和生活方式。

如同“夜猫子集”一般，窑湾的风情，隐藏在各具特色的民俗文化中。香火会、水龙会、元宵会、妈祖庙会等绚烂多彩的庙会乡会与窑湾宗教、商贸、饮食业相互成就。融合邳宿方言特征的窑湾方言，是独属于窑湾人的山水乡土之情。纷繁多样的岁时、婚嫁、寿诞等一系列习俗，让我们在领略窑湾风情中触摸到窑湾的生存本貌和历史变迁，在最俗常的风俗世态中感受运河两岸独有的文化风貌。

习俗礼仪

岁时习俗

春节　新年初一晨起放鞭炮，俗称“旺鞭”，全天吃饺子，晚辈给长辈拜年，长辈给晚辈压岁钱。街坊邻里互相道好。初一忌扫地、打孩子、动剪刀等。初一过后，接闺女，亲友互请吃年酒，过年气氛延至正月十五日。

元宵节　亦称“灯节”。吃汤圆，赶庙会烧香，举办看花灯、舞龙灯、舞狮子等群众娱乐活动，谓之“闹元宵”。古镇景区每年都有彩灯等主题娱乐活动。

二月二　俗称“龙抬头日”，旧时有“二月二龙抬头，大折子满，小折子流”的谚语，人们用草木灰在门外空地、打谷场上划圈子，叫“砌折子”，预祝当年五谷丰登，粮食满仓。早饭吃“龙须面”，晚上小孩将刷帚把点燃娱乐。

清明节　旧时家家门前插柳枝，置办酒菜和香烛纸钱扫墓添坟祭祖。现时插柳习俗淡化，亲人挑着菜、饭、酒、香炉、烛签和“金银元宝”、火纸等祭品到祖坟，点烛、上香、烧纸，磕头跪拜，寄托哀思。年轻人于清明节踏青游玩，学校、团体组织祭扫烈士墓，进行革命传统教育。

端午节　农历五月初五日为端午节。这天，家家门前插艾草，煮鸡蛋、大蒜，包粽子；小孩挂香草荷包、扣绒线；大人喝雄黄酒；并用艾叶、野草树叶烧水洗澡，传说能驱邪防疫消毒。端午习俗沿袭至今，只是雄黄酒渐为其他酒类替代。

中元节　人们这天上坟烧纸祭祀祖先，至今沿袭。

中秋节　农历八月十五日是中秋节，又叫“团圆节”，亲人都回家团聚，吃团圆饭，晚上赏月。节前已婚或未婚的女婿，亦给岳父母送节礼。月饼为中秋节必备的点心和礼品。

重阳节　农历九月九日为重阳节，也叫重九、九重阳。旧时为雇工下工日，主人置酒菜送行。现为“敬老节”，政府、团体举行敬老活动。

冬至　俗称“过冬”“大冬”“交冬”，有“冬大如年”之说，为敬祖之日，人们上坟烧纸，进行祭祀。

祭灶节　农历腊月二十四日，俗称“小年”，从这天起开始“忙年”。农家扫尘清洗家具、购置年货、烙煎饼、蒸米糕、制作饺馅、做五香菜，准备的菜饭能吃到正月十五日，叫“年年有余”。旧时祭灶时贴灶老爷像，烧香、放鞭祭灶。现祭灶习俗淡化，但家庭聚餐，家家开始置备年货。

除夕　腊月三十（小月为二十九，称秃尾巴年）。家家扫门庭、除尘埃，远在外地亲人回家团圆。当天换门神，贴春联，置酒菜敬祖先，晚上放鞭炮合家聚餐，旧时通宵守岁，现在饭后看电视娱乐。

婚嫁习俗

传启　俗称“定喜日”，男家写“媒人柬”（即婚约），由媒人送到女家，即为定亲。然后选定吉日执启帖（又称龙凤贴或庚帖），用红布包上五子衣服及首饰、花生、栗、枣等吉祥物，由媒人陪伴送到女方家，女方回帖（回帖上要写女方生辰八字），婚姻即算定妥，双方不得随意反悔，此为传启。

陪嫁　女家陪嫁习俗至今沿袭，陪嫁多少因家庭条件而异。旧时陪嫁以木质家具为主，富人还有陪送田地的，中华人民共和国成立后，随着时期不同，流行陪嫁习俗不同，有八大件（八样家具）、六十四条腿（家具的总腿数）、三转一响（自行车、手表、缝纫机、收音机）、轿车、房子等。

催妆　在喜期前一天，男家到女家送嫁衣等、放鞭炮、贴对联等。

装箱　喜期前一天晚上，女家找全福人（夫妻双全有父母、儿女者）装箱。

滚床　男方家喜期前一天布置新房，喝暖房酒，请晚辈10岁上下男孩“滚床”，祈祝儿女满床，该习俗延续至今。

烧喜　新郎理发洗澡，给祖坟烧纸钱，拜祖宗牌位，给本族长辈磕头。

迎娶　吉日，新郎在伴郎的陪伴下，旧时用花轿，现在用轿车迎娶新娘。轿车沿途逢桥梁、码头、拐弯均要放鞭炮，并在沿途

幸福生活　窑湾镇政府　供图

民俗文化表演　窑湾镇政府　供图

贴红纸书“青龙”二字，以示辟邪并引路。迎亲进门后，新娘身穿红色嫁衣（俗称上轿红），头顶红绫（俗称蒙头红子），由其哥或弟背着送上轿，新娘兄弟多人押轿，送出庄二三里返回。

婚礼　新娘到男家后，举行拜天地仪式，拜天地，拜祖宗、父母、长辈，夫妻对拜，对长辈要行磕头礼。现一般在酒店举行仪式，鞠躬拜父母，改称呼，父母亲要给子女红包，称改口费。撒帐，送新人洞房后，新郎的嫂子、姐妹等人用栗、枣、花生等吉祥物撒在床上，并唱撒帐歌，寓意“早生贵子”等。

闹喜　新郎接新娘时，新娘家年轻晚辈，不让入门，索要喜烟喜糖；女方送亲人到男方家后，常扣留“长命灯”向男方要钱、香烟、糖果；入洞房年轻平辈和晚辈往往会闹喜，捉弄新人。

回门　结婚第三天，新娘的叔叔和兄弟来接新娘回娘家，新郎家摆宴款待，并请多人相陪，当天下午日落后须将新娘送回婆家。结婚满月后，新娘可回娘家过9天或12天。

寿诞习俗

旧时六十岁即可称“寿”，富裕人家可以过寿，家族参与，子孙拜寿，亲友祝寿，宴请宾客，现时多于七十、八十岁时祝寿。老人六十六岁时，女儿买肉包水饺，为老人祝寿。

庙会集市

庙会　窑湾传统庙会有正月十五日的香火会、水龙会、元宵会，农历三月十五日的庙会，农历三月二十三日、九月初九日福建会馆内“天后宫”妈祖庙会等。逢庙会日，方圆百里的各界人士汇聚窑湾，庙会上不仅有商品交易，还有民俗表演、娱乐等各种民俗文化活动。

乡会　每年正月初五日，窑湾群众自编自演，开展文娱活动。乡会节目有花车、旱船、舞狮、高跷、抬阁、竹马、小放牛、货郎挑等，演员多化成京剧妆，表演民间故事，唱民间小调。窑湾有东西两个乡会，正月初五日两会相互拜会，友谊竞赛，以20多种锣鼓牌调为调度指挥，变换活动方式，一方鼓点紧紧咬住对方鼓点不放，赶在对方鼓点之前，锣鼓牌调突变，对方跟不上鼓点而乱点就成输的一方。胜利的一方马上友好地换平调“慢挡锣”，以示友好。

夜猫子集　“梆打三更满街灯，恭候宾客脚步声。四更五更买卖盛，十里能闻市潮声。”这首当地民谣所描绘的就是窑湾的独特商业社会形态——“夜猫子集”的盛况。

中运河开通后，南来北往的船只途经窑湾。运河在窑湾以北水位较浅，只能行小船，而窑湾以南则水位较深，可行大船。因此，不论是南方的舶来品，还是北方的地产物品，均需在窑湾装卸、转驳。当时交通状况有限，商船只能在白天航行。夜间商船停靠窑湾后，脚夫们装卸货物、补充食物，船民们备足日常生活用品。每天三更半夜，四面八方的小商小贩和镇里居民不约而同来到窑湾街市交易，天亮后交易结束，集市散去。如此日复一日，年复一年的繁华热闹，一直流传到今天。因为是“半夜开张，天明罢市”，人们便形象地称它为“夜猫子集”。自中运河开通至今，“夜猫子集”存在数百年，成为窑湾独有的商业民俗风景。

方言俗语

窑湾地处新沂西南角，与宿迁、邳州、睢宁相邻，窑湾话兼具宿迁、邳州方言特征，属北方方言，音长、音强、音色与普通话接近，声调为阴平、阳平、上声、去声4声，在语音、词汇等方面多有不同；通过带子、巴、不、乎、登等词尾，儿话词尾较为明显。本目仅摘选窑湾境域内一些有特色的方言用语。

常用词汇

去年——年上

中雨——麻杆雨

公牛——牤犍

壁虎——血虎

蟋蟀——皮匠虫

幼蝉——姐龟儿

树苗——树秧子

向日葵——转莲

厨房——锅屋

烧饼——潮牌

手帕——手捏子

小睡——迷登

做饭——办饭

下巴——下不颏

出嫁——出门子

串门——溜门子

很容易——西来意

捣乱——施窟捣洞

糟糕——坑枪了

谚语

天河东西，放下犁耙；天河南北，好种荞麦。

春锄犁夏锄皮，五六月里瞎出撸。

早稻早麦，十年九得。

立秋三天遍地红，处暑三天镰刀响（指高粱成熟）。

小满麦仁满，不满麦有闪（指麦不能丰收）。

豆子开花，墒沟摸虾。

沙里杨，泥里柳。

鲤鱼河中跳，大雨就来到。

五月十三滴一点，俺上扬州买大碗。

雪怕太阳草怕霜，日子就怕瞎铺张。

书到用时方恨少，事非经过不知难。

千里烧香，不如在家孝敬爹娘。

忠厚传家远，奸狡不赚钱。

问路先施礼，少走二十里。

没做贼心不惊，没吃鱼口不腥。

歇后语

骆马湖鸡溜子——野叫

赶窑湾走林祠堂——绕圈

骆马湖青蛙——干鼓

楼上窗户——高等眼子

被窝里耍拳——没有外手

黄鼠狼戴草帽——装像个人样

土地爷喝香油——滑鬼

水牛掉在枯井里——有力没处使

麻雀叨面糊——箍嘴啦

嘴头抹石灰——白说

癞蛤蟆趴在热鏊上——憋一会是一会

鸭子吞蜗牛——食而不知其味

木匠带枷——自作自受

凉水烫鸡——一毛不拔

八十亩田一棵谷——独苗儿

一张煎饼二斤半——烙厚了（落后了）

谜语

你说秤就是秤，一头软一头硬（鞭）

说是鞭就是鞭，两头一样宽（门）

说是门就是门，门口有个把门神（狗）

说是狗就是狗，只能站不能走（树）

说是树就是树，挺腰凹肚（船）

说是船就是船，船两点转莲（棹）

一条腿蹦啊蹦（榔头）

两条腿叫天明（公鸡）

三条腿靠墙站（鏊子）

四条腿满屋行（板凳）

出奇真出奇，说话没肚皮（蝉）

一点一横长，口子在中央，子字来拉仗，

耳朵拉多长（郭）

一点铁，一点铜，一点木头一点绳（秤）

春到窑湾　李树军　摄

名贤窑湾

一湾运河水滋养了窑湾，也孕育出深厚的文化底蕴。这里曾留下岳飞、朱元璋、史可法、康熙帝、乾隆帝等历史名人的足迹。

康熙二十三年（1684）秋，康熙帝第一次“南巡”来到这里阅视河工，这位刚刚平定三藩之乱的年轻人，采用河道总督靳辅“黄运分立”“避黄济运”方略，把破局之子落在拟将开挖的“中河”，连接泇河和皂河，贯通中运河。四年后，这项“黄运分离”超级工程的完工，终结四百余年“借黄行运”的历史，堪称中国古代水利史上一大创举。此后23年间，康熙先后六次来到这里，治理河务和漕运，畅通国家经济运行的命脉。

乾隆皇帝六下江南，途经窑湾，留下“狖犹经古县，窑口溯新湾；堤上看流注，云边辨往还”的诗句，并与纪晓岚演绎出“南通州北通州南北通州通南北，东当铺西当铺东西当铺当东西”的妙联巧对。

清初著名医学家喻昌、宗柏云、赵学敏相聚窑湾江西会馆悬壶济世，江西会馆成为窑湾医学宝地。儒医赵学敏在窑湾完成一百卷《利济十二种》医学丛书，遗存《本草纲目拾遗》《串雅》两部。其中，《串雅》是中国医学史上第一部民间走方医的专著。乾隆三十七年（1772），窑湾人陆士杰应征编纂国之重宝《四库全书》，成为一代名儒。清光绪二十一年（1895）窑湾举人陆文椿赴京会试，与康有为、梁启超邀集千余名举人公车上书，请求维新变法。变法失败后，陆文椿回到家乡，创办苏北最早、影响最大的新式学堂，启智民众、福泽乡梓。

当代，窑湾涌现出第一位进入联合国的记者、资深新闻人赵立凡，著名儿童文学作家杲向真，著名诗人陈广德等一批文化名人。

苗海潮

苗海潮，生于隋朝末年，窑湾北洳河西岸苗窝人，为人豪爽，喜交天下英雄好汉。隋朝末年，天下动乱。隋大业九年（613），苗海潮在下邳一带聚众起义。不久，另一支起义军首领杜伏威路过下邳，见苗海潮很有实力，就派人对苗海潮说："如今我和您都是不堪忍受隋朝的苛政，各举义旗，但力量分散，势单力薄，常常恐惧被擒获，若是我们合二为一，那么就足以与隋朝为敌。要是您能做主帅，我理当恭敬从命，要是您估计自己不能做主帅，最好前来听命，否则我们就打一仗一决雌雄。"苗海潮见杜伏威实力强大，又很诚恳，十分佩服，就率领部众归服于杜伏威，随后在江淮一带作战。隋大业十三年（617），苗海潮率江淮起义军攻据永嘉。唐武德六年（623）三月，降唐。

魏胜

魏胜（1120—1163），字彦威，窑湾境域内堰头村人，南宋地方军将领，多智勇，善骑射。初应募为弓箭手，徙居山阳。南宋绍兴三十一年（1161），闻金人将南侵，聚粮草、造器械、统义士300人，北渡淮河，进取涟水。魏胜宣布号令，不杀一人，涟水人民无不听从。及取海州及附近各县，自任督统制。免租税、释囚犯，开仓放粮，犒劳将士。接着分忠义之士为五军，所到之处，纪律严明，秋毫无犯，四方豪杰响应，谋图收复失地。魏胜善用大刀，能左右开弓，金人每见"山东魏胜"旗号，即不战而逃。后接受南宋官职，授阁门祗侯差、知海州并山东路忠义军都统。

南宋隆兴二年（1163），因与金议和，撤去海州的守军，魏胜改任楚州（今淮安市）知州。朝廷诏令魏胜同淮东路安抚使刘宝、知高邮军刘敏防守盱眙军、楚州一带，魏胜专一防守清河口。时议和尚未达成，金军乘宋军懈怠，以舟装载器甲粮草，从清河出发欲侵南疆。魏胜探知这一阴谋，亲自率忠义士兵在清河口抵御。都统制刘宝以当时正议和为由，不准魏胜抵抗。金军骑兵过境，魏胜率诸军在淮阳还击，自晨至暮，未分胜负。金军又派援军来攻，魏胜带领将士奋力反击，并派人去刘宝处告急。刘宝据楚州，不发一兵一卒。魏胜全军箭矢殆尽，仍据土山列阵，拼死抗击。魏胜谓士卒：“我当死此，得脱者归报天子。”而后命步兵在前，骑兵断后，奋力冲杀，转战至淮东十八里处，不幸中箭坠马而死。后朝廷闻知，追封魏胜为保宁军节度使，谥号忠壮。

王廷珍

王廷珍，字玉山，生于清乾隆年间，逝于同治初年，窑湾镇土楼村人，清道光初年岁贡生。他一生清贫，终身教书达六十年之久。曾在徐州云龙书院、堰头社学等地执教数十年，培养出众多成名学生，最突出的是徐州的崔焘。崔焘曾举孝廉方正，道光年间考中进士，授翰林院庶吉士，后任河南怀庆知府，在他的恩师年老病重时专程前来看望。王廷珍去世后，崔焘专程到窑湾吊孝，并亲为老师立碑纪念。王廷珍为人敦厚寡言，勤于教诲，讲评孜孜不倦，终岁桃李盈门。济急、救困无分亲疏，享寿九十余岁。王廷珍曾游历两湖、润州（今镇江）、彭城、古邳等地，寄情于游历，写诗甚多，尤长七律，作有试帖诗数百首，府乐、歌行诸体均有成就，著有《无名诗草》等，均在河南刊刻行世。

陆士杰

陆士杰（1735—1810），窑湾陆营村人。乾隆三十七年（1772）正月，乾隆下旨征集360余名文人编纂国之重宝《四库全书》，陆士杰应征，在东安门外的翰林院内编书。乾隆四十八年（1783），陆士杰调任镇江文宗阁，授予儒林郎从六品顶戴花翎。

臧纡青

臧纡青（1796—1854），字牧庵，窑湾南大街人。清道光十一年（1831）中举。倜傥博学，喜谈兵法，有澄清天下志向，在鸦片战争时期以坚决抗英而闻名。鸦片战争前夕，臧纡青两次赴京参加会试。第二次进京会试，与朝中主张禁烟官员交往，曾参加黄爵滋、徐宝善、陈庆镛等发起的陶然亭集会。臧纡青力主禁烟，鸦片战争之初，“英吉利入寇，纡青见武备废弛，久不知兵，寇至多被残害”（《清史稿·臧纡青传》），“曾绘海防图成三万余言上请朝廷”（〔同治〕《宿迁县志》），请朝廷重整军备，坚守海防，抵御侵略。1841年10月，英国侵略军攻占厦门后，道光帝命宗室奕经为扬威将军，驰赴浙江督师。奕经路经宿迁时，招臧纡青至幕中共商军务。臧纡青在赴浙途中，向奕经提出若干备战和作战建议，建议采取“遇便散攻，人自为战”“分伏散战”的游击战术。但奕经并未采用，相反向英军发动正面进攻，结果惨败。臧纡青对奕经的昏聩十分愤慨，“暴怒伤肝，眇其左目”，复请奕经行“伏勇散战法”。奕经召部将于1842年3月下旬渡钱塘江至绍兴，在宁波、镇海城外埋伏，伺小股英军出入，乃聚起进攻，擒杀英兵多人。1842年8月，《南京条约》签订后，奕经曾奏朝廷授臧纡青四品同知衔，臧纡青拒绝领受，并气愤地说：“无功而赏，不可。且以和受功，不亦耻乎？”固辞回乡。太平天国运动席卷江淮时，臧纡青率家乡团练乡勇与之对抗，升为通判。咸丰四年（1854），他率部配合湘军围攻驻守安徽桐城的太平军，兵败被杀。其死后，被朝廷追赠三品卿衔。

马从凯

马从凯（1812—1896），字捷三，窑湾北马圩村人，清道光年间武举人，守清皇宫后宰门。咸丰年间，四品殿前卫士。清咸丰十一年七月（1861年8月），咸丰帝死在热河。马从凯守护西太后慈禧，于当年九月回北京。西太后慈禧同恭亲王奕䜣定计发动政变（史称“辛酉政变”），马从凯护驾有功，慈禧赐马从凯粮田千顷。马从凯为孝敬慈禧太后，每次回家乡，便将窑湾的绿豆烧、桂花糕、甜油贡入皇宫。光绪二十二年（1896），病故于家乡窑湾马圩村。

陆文椿

陆文椿（1861—1935），字寿山，晚清举人，世居窑湾镇中宁街。清光绪二十一年（1895），陆文椿去北京会试。适值《马关条约》签订，举国震惊。陆文椿先后参与康有为、梁启超发动的“公车上书”和维新变法运动。清光绪三十四年（1908）沂河发大水，骆马湖水灾严重，陆文椿向宿迁知县陈航建议减免湖租，遭到拒绝。湖民抗租暴动后，陈航认为陆文椿从中操纵，准备对他进行迫害，陆文椿被迫流亡在外，逃到上海法租界，在上海参加兴中会、同盟会及中华革命党。陆文椿主张“科学救国”，思想开放，深受西学影响。1912年，他当选为江苏省第一届议会议员。他以议员的身份，积极参政议政，与武同举、王宝槐等一道，向议会提交《提议武估淮北水道规划导淮予提早疏浚泗沭沂案》，议案提请将淮北所有各水道纳入淮干入海工程治理。他为江北数十县数百万之生民请命，呼吁政府当局治理淮、泗、沂、沭。写成《请开长河导沂水以工代赈禀》，即《导沂图说》，在极其艰苦的条件下，足迹遍及淮、沂、沭、泗流域，实地勘测呈准省长备案，列入治运、治沂计划。陆文椿是苏北水利工程的首倡者和先驱。1914年，沂、沭河发大水，邳县著名人士窦鸿年为减轻邳北水患，向省里提议掘堤减轻邳县水患，得到省方同意，省方下令邳、宿两县执行。陆文椿愤而领导两湖地区人民，群起抗拒，并印刷《驳窦鸿年建议书》散发两县有关各界，呼吁评论曲直。省方怕激起民变，只得停止掘堤。两湖人民对陆文椿感激称颂。1916年，宿迁县办甲种师范讲习所，他受聘任国文教师。辍教之后，家居读书，不问外事。1935年，逝于家中。

臧增庆

臧增庆（1864—1932），字雪楼，一字易秋，窑湾北臧圩村人，清光绪二十八年（1902）中举，曾任邮传部主事。清末，历任铁道部主事及宿迁县钟吾书院董事等职。1921年，任安徽督军公署秘书长。1924年，调任安庆某军营务处，坚辞归里，后以诗文书画自娱。1918年，他同陆文椿、窑湾商会会长崔荣中共同规划修建东陇海铁路，亲自集资测量。臧增庆生性倜傥，慷慨重义。对故旧穷老，常解囊相助，并收容抚育弃孤。道德文章为时人仰重。他的诗文清新畅达，撰有《清故记名简放提督署台湾镇总兵官殉杨公神道碑》和《一柳草堂诗文稿》。书法融颜体、柳体于一炉，秀润刚劲。其墨笔兰竹清劲疏朗，意趣盎然，平时不轻易为人着笔，时人得之者视为珍宝。

陆文榜

陆文榜（1867—1935），窑湾南大街人，陆文椿之弟，清末廪生，终生从事教育事业。他培养的学生中，有三名秀才、两名贡生。清光绪三十一年（1905），废除科举、兴办学堂后，陆文榜到处奔走呼吁，动员窑湾粮行、斗市和其他商业部门捐款，在窑湾后河废墟上创办敬业学堂。他不但亲自授课，还自任总务兼会计，自己却不取分文工资。学堂初建时，分高、初两个复式班级，七年学制。从创办时百余名学生，发展到五百多名学生。高级班学生大多来自外县，如邳县、睢宁、山东等地，是当时苏北规模最大的新学堂。陆文榜在哥哥陆文椿的支持帮助下，还在窑湾孤儿院开办半工半读学校，使不少孤儿接受教育。1928年，陆文榜因病辞去学校职务。

陆华安

陆华安（1902—1973），窑湾镇陆口村人，是新沂地区第一个中共支部——阎溜支部组织委员。1928年5月，经王书楼介绍加入中国共产党；10月上旬，王书楼等在阎溜庄王守宽家的土炮楼里召开会议，宣布中国共产党阎溜支部成立，陆华安任组织委员。为了掩护革命活动和传播革命思想，先后在土楼、陆口、陈圩、宋圩、魏牌坊等开办七所学校，吸收贫苦农民子女200多人进校学习。学校不收学杂费，学生书籍簿本全由地下共产党员出钱购买，教员由共产党员担任，不要工资。为了办好学校，陆华安卖掉自家的部分田地为学校添置教学设备。陆华安于1929年4月、1930年1月、1930年4月三次被捕。每次被捕后，敌人都严刑拷打，陆华安意志坚决，没有说出党的任何秘密。抗日战争爆发后，陆华安和其子陆保龄积极参加抗日救亡运动，多次为八路军，新四军捐钱、募粮、护送情报。1946年，陆华安被选为许楼乡清算委员会负责人，1948年，陆华安重建陆口小学，被宿北县评为模范董事长。中华人民共和国成立后，陆华安长期从事教育工作，1973年1月3日病逝。

王书楼

王书楼（1905—1982），学名会栋，窑湾镇王楼村人，是新沂地区第一个中国共产党支部——阎溜党支部的创建者。王书楼出身士绅家庭，1923年，考入古邳新明中学。1925年，转读徐州省立第七师范学校。1927

年秋，经宋绮云等人介绍加入中国共产党。1928年春，受组织派遣，以国民党窑湾公安分局局长公开身份为掩护，回邳县开展工作，在陆口村建立邳东区第一党小组，并任组长。10月上旬，王书楼在阎溜庄王守宽家的土炮楼里召开秘密会议，成立中国共产党阎溜支部，王守宽任支部书记。阎溜支部是新沂地区第一个中国共产党支部，标志着中共党组织在新沂地区正式建立。1930年7月，王书楼参与组织和领导旧州暴动。失败后，国民党加紧"清党"，王书楼到山东临沂避难。1936年，王书楼在邳县创办《邳县周报》，宣传抗日。1938年5月，徐州沦陷，王书楼奋勇挑起领导邳县人民抗日重任，出任邳县动委会主任。中华人民共和国成立后，任山东省淄博市工商局局长等职务。1982年夏，因病逝世。

徐玉珍

徐玉珍（1910—2004），窑湾镇沂运村人。徐玉珍是威震敌胆的新沂地区抗日武装的领导者。1929年2月，加入中国共产党。抗日战争爆发后，徐玉珍与王书楼、杨学忠等在邳东区发展青救团组织，并任青救团义勇队第二中队长。此后，徐玉珍先后担任八路军龙海游击支队宿北独立大队第三中队队长，第二梯队三团五营副营长，马陵大队大队长、沂河区区长、宿北独立二营营长、宿北县警卫团团长等职。徐玉珍先后组织过邳县抗日义勇队、宿北抗日自卫队、宿北青救队、马陵大队、沂运区中队等抗日武装，指挥作战数十次，并取得战斗的胜利，使敌人闻风丧胆。解放战争时期，徐玉珍曾任宿北县大队副政委、大队长、县总队大队长、宿北独立团副团长（负责军事）等职务，指挥作战100余次。1949年后，徐玉珍先后任淮阴军区特务团政委，淮阴专署荣军学校政委，苏北行署荣军学校校长兼党委副书记，苏北行署民政处副处长，苏北行署交通处副处长，苏北康复医院管理局副局长、党委副书记，江苏省卫生厅药政管理局局长，中共清江市委常委、清江市人民政府常务副市长，清江市政协第一副主席，清江市人大常委会副主任等职。1983年离休。2004年9月，在南京逝世。

晁福祥

晁福祥（1916—1978），窑湾境域内大刘墩人。7岁入私塾，15岁到堰头崇德小学读书。17岁，高小毕业后，考取徐州九一八中学，后转入铜山县立师范学校中学部，后又考入江苏省立淮阴师范学校学习。1938年毕业后，任宿迁县教育局督学。同年秋，中共苏皖工委派戴树璜到宿迁北乡开展抗日宣传活动，与晁福祥等人取得联系。从此，晁福祥以督学身份为掩护，宣传党的抗日主张。1938年底，晁福祥加入中国共产党。晁福祥在抗日战争和解放战争期间，历任中共宿迁县五区区委书记、宿迁县委军事部长、县委书记兼独立团团长，新四军第3师10旅30团政委、39军116师政治部主任。中华人民共和国成立后，历任中共广西平乐地委副书记、书记，中央燃料工业部设计司司长，中央煤炭部计划司司长、人事司司长、监委书记，辽宁省煤炭局局长，中共华东煤炭公司党委书记、山东省委候补委员，山东省革委会委员、省煤炭局局长、党组书记等职。晁福祥在不同的工作岗位上，都做出优异成绩。1978年2月1日，在北京逝世。

孔宪质

孔宪质（1917—2013），字璞纯，窑湾沈楼村人。1928年入小学读书。1936年考取省立运河乡师。毕业后在本地李圩教书。1938年参加青年救国团。同年，加入中国共产党。抗日战争时期，先后任宿迁县委宣传部部长、沭泗地区区委书记、宿北县委组织部长、运河区委书记等职。解放战争时期，任宿北县委组织部长，在新安区、墨河区、窑湾区坚持敌后斗争。中华人民共和国成立后，先后任新沂、泗阳、赣榆、丰县县委书记，徐州地区交通局局长、党校校长、农工局局长、生产指挥组副组长、工办副主任、纪委第一副书记等职。1983年，孔宪质离休后，在身患多种疾病的情况下，离而不休，以顽强的毅力，写下大量文稿、革命回忆录，并对自己60年300万字日记进行细致的分类、整理、装订出版。他将自己的日记赠送给新沂市档案局保存，为后人留下珍贵的历史文献资料。

臧公盛

臧公盛（1920—2007），出生于窑湾镇李圩村彭场。1938年10月加入中国共产主义青年团。1939年4月，加入中国共产党。抗日战争时期，多次参加对日军作战和对国民党顽固派的斗争。解放战争时期，参加辽沈战役中的长春围困战、昌图歼灭战、四平保卫战等战役和战斗，因作战勇敢、战术灵活、指挥得当多次受到上级褒奖。历任中共宿迁县5区区委委员，宿迁县沂河大队指导员、中队长、连长，新四军淮海军分区二支队5团连长，新四军淮海军分区三支队9团参谋长，宿北县总队参谋长，宿北警卫团参谋长，新四军第3师10旅兼淮海军分区新1团营长，新四军第3师10旅30团营长，东北人民自治军第3师10旅30团营长，东北民主联军第3师10旅30团营长，东北民主联军二纵队第5师15团营长、参谋长，东北军政大学4营副营长、营长，中南军政大学长沙分校训练部部长，汉口高级步兵学校大队长、北京高等军事学院战役系教官，中国人民解放军第39军第116师副师长，中国人民解放军第39军副参谋长，黑龙江生产建设兵团副司令员，黑龙江省军区副司令员等职务。1955年，被授予上校军衔。1956年，授予独立自由勋章和三级解放勋章。1988年，被中央军委授予独立功勋荣誉勋章。2005年，被授予抗日战争荣誉勋章。

杲向真

杲向真（1920.9—2011.8），本名杲淑清，出生于江苏省邳县窑湾，祖籍江苏省邳县八路乡杲堂村。1937年，毕业于南京中央高级助产学校。南京失陷前夕被分配到湖南长沙卫生实验处从事医务工作，后转移到桂林、四川等地。历任中学教员、成都《西方日报》主编、文艺副刊《西苑》主编，《川西日报》编辑，《学习杂志》编辑，中国作协创作研究室、北京市作协专业作家，文学创作一级作家。杲向真自1937年冬开始文学创作，著作有长篇小说《灾星》《啊！不是幻想》《耗子精歪传》，中篇小说《路》《喜梅和他的老师》《翠玉河传奇》，短篇小说《采撷集》《秘密行动》，儿童故事集《带臂章的人》《杲向真童话选》等。小说《小胖与小松》获评“建国30年全国儿童文学创作一等奖”。1999年6月退休。2011年8月在北京病逝，享年91岁。

钱季尧

钱季尧（1895—1975），又称钱三先生，窑湾后河街人，自幼读四书五经，聪明好学，为人和善。14岁，开始学习中医。25岁，在窑湾中大街开设“天德堂”药铺，坐堂开诊。钱季尧医术高明，医德高尚，待病人如亲人，名声很快在窑湾地区流传。1938年，日军占领窑湾，钱季尧全家避难到骆马湖陆圩子亲友家住下，热情为周围乡亲诊疗。窑湾抗日英雄徐玉珍身患伤寒，奄奄一息，经钱季尧精心治疗，一个月后痊愈。抗日战争胜利后，钱季尧回到窑湾，继续行医，深受百姓爱戴。钱季尧终生从医，并教育子女行医，在其精心培育下，女儿和长子均是新沂地区名医，钱家成为中医世家。钱季尧还是窑湾书法名家，其书法端正大方，苍劲有力。窑湾古镇、新沂市区、徐州市区的古建筑、桥涵路闸多留其墨宝，深受书法爱好者喜爱。

陆伯华

陆伯华（1915—2020），女，汉族，窑湾镇五墩村人。陆伯华战争年代曾救过游击队员，护送过解放军。20世纪50年代，加入中国共产党，一生都把做好事当做平凡事。2007年4月16日上午，92岁高龄的陆伯华老人发现有一4岁幼童掉进她家门前池塘里，老人义无反顾跳入水中，抓住孩子将其托出水面，但水深坡陡，老人用尽全力几次也没能把孩子托上岸，自己也差点沉入水中，后在村民协助下将幼童救出。其事迹在省市各级电台、报刊报道。先后被评为“感动新沂市”十大人物之首、江苏省劳动模范、徐州市道德模范。

张同才

张同才（1931—2000），出生于窑湾镇三桥村后杨庄。自幼父母双亡，10岁时拜镇上扎彩匠“小能人”周庆恩为师，学习绘画、剪纸、扎彩、装裱等民间工艺。14岁时拜窑湾前河街武术馆石振堂为师习拳练功。1947年入伍。历任班长、排长、连指导员等职。1954年转业回到窑湾。1983年在中大街开设“民间工艺店”，以扎彩、剪纸、装裱为主，业余时间从事绘画、书法、文艺创作。他扎制的“龙”形风筝、各式灯笼、纸幡花球等精巧逼真，栩栩如生。1984年，代表新沂县民间艺术协会，参加全国民间艺术协会举办的“中国民间艺术展览”活动，获全国民间艺术巡回表演三等奖，入选《中国民间艺术名人名录大全》，并被中国民间文艺家协会评定为“中国民间艺术家”。先后发表上百篇文章，撰写窑湾遗闻轶事、民间谚语及短篇小说等20余万字。

金裕龄

金裕龄（1937—），窑湾镇中大街人。1958年，毕业于徐州师范学校，后又在徐州师范学院艺术科进修。历任徐州高等师范学校美术高级讲师、徐州师范学院美术系教授，为徐州市第十一届政协委员、江苏省美术家协会会员、省科普协会会员。金裕龄对工笔人物、青山绿水、彩雕都有研究，著有论文《浅谈徐州汉画像石的装饰风格》《徐州陶俑简介》等。1986年，担任江苏省第十一届运动会大型团体操《拼搏》的美术设计，有百余件美术作品流传国内外。代表作品有为毛主席纪念馆画的《阳光沐浴鲜花盛开》，赠送泰国国礼作品《泰山五大夫松》《黄山梦笔生花》（小青绿山水），科普画《红外世界》、陶雕壁画《教育之光》等，彩塑《红楼梦金陵十二钗》收入江苏省中级美术课本。

赵立凡

赵立凡（1943—），窑湾镇南大街人。1959年，毕业于江苏扬州艺术学校，入中央新闻纪录电影制片厂任记者。1965年至1968年，在第二外国语学院英语系学习。1972年，参加中央外事摄影协作组，为中央电视台和新影厂采访重要新闻。1980年，进入中央电视台，先后任新闻采访部副主任、新闻编辑部主任、新闻中心副主任。1994年，调任广电部总编室副主任。1998年，调回中央电视台，任副总编辑。赵立凡先后参加过采访毛泽东、周恩来、邓小平等党和国家领导人的政务活动。1972年，参与恢复中国联合国合法席位的报道。同年，随中国乒乓球队访问美国，报道“乒乓外交”，多次随同毛泽东会见外宾。1979年，随邓小平访问美国。1991年，随江泽民访问苏联。先后参加全国人大第二届至第九届、中共九大至十五大的报道工作。1992年起，享受国务院政府特殊津贴。赵立凡在工作之余执着于多种艺术，曾多次在国内外参加书画展览。他的山水画透露“乡土情结”，代表作有山水画《难得江南一日秋》等。曾任中央电视台书画院院长、中国书法家协会理事。

陈广德

陈广德（1956—），窑湾镇西大街人，历任《新沂日报》副总编、责任总编，新沂市委办公室副主任、保密局局长，市政府办公室主任，新沂市政协副主席，市人大常委会副主任等职。为中国作家协会会员、国家一级作家、徐州市作协副主席兼影视委员会主席。1980年发表处女作，在《当代》《人民日报》《诗刊》等100多家报刊发表诗文300多万字，作品收入《海内外新诗选萃》《中国散文诗大全》等30多种国内刊物，40余次在征文比赛中获奖，出版有《半涨之潮》《踏雪之声》《陈广德诗选》《心境的门户》等诗集。

窑湾地区明清科举中榜人物表

表 14

科举名	村庄	姓名
举人	窑湾臧圩子	臧纡青
	窑湾南大街街东	陆文椿
	窑湾臧圩	臧增庆
廪生	窑湾陆营子	陆捤山
	窑湾南大街街东	陆文榜
拔贡	窑湾小官地	孙慰忱
	窑湾陆营子	陆　四
秀才	窑湾杲场	杲耀东
	窑湾陆营	陆台清
	窑湾韩场	韩佩如
	窑湾三湾	徐毅忱
	窑湾陆庄	陆梅村
	窑湾小街子	丁文楼
	窑湾小街子	丁伯球
	窑湾小街子	薛景陶
	窑湾薛家湖	薛宗尧
	窑湾古大街	阎喜年
	窑湾西大街	闫庆尧
	窑湾回民街	龚道存
	窑湾拐弯大街	杨贯文
	窑湾小南门内	张克盛
	窑湾后沙滩	周化鹏

窑湾地区民国时期在外官员表

表 15

姓名	任职
陆冰庵	河北省张北县、阴源县县长
臧仲琴	安徽盱眙县县长

名人履痕

开泇济漕李化龙

李化龙（1554—1612），字于田，明万历二年（1574）进士，是明朝中期的著名将领，官至兵部尚书，曾总理河道，《明史》称其“开河之功，为漕渠永利”。

万历三十一年（1603），山东黄河决口，危及漕运，朝廷启用李化龙为工部右侍郎，总理河道。李化龙力主继续大开泇河，以竟前功。在李化龙的主持之下，万历三十二年（1604），征集民工，自夏镇（今山东微山）开河，经过韩庄接彭河，会泇口（即现在西泇河）导水经窑湾至皂河西直河入黄河，全长260余里，到八月全线基本竣工。泇河开成后，漕运改由泇河经微山湖北上，避开从直河口溯黄河西上至徐州的旧道，揭开中运河开凿的历史新篇。窑湾也因为中运河的开通，逐渐成为中运河上的漕运和商贸重镇。

靳辅、陈潢开中河

靳辅（1633—1692），字紫垣，清代大臣，水利工程专家，曾任内阁学士，康熙十六年（1677）任河道总督。著有《治河方略》。

陈潢（1637—1688），字天一，是清朝的治河专家，也是靳辅的治河佐辅，著有《河防述要》等。

康熙二十五年（1686）至二十七年（1688），靳辅、陈潢在骆马湖以北至淮阴开了一条新河，称为中河，使运河路线完全与黄河河道分开，避开黄河180里的险路。历史上称赞靳辅开中河好处极多，建立不朽的功绩，“中河既成，杀黄河之势，洒七邑之灾，漕艘扬帆若过枕席，说者谓中河之役，为国家百世之利”。

乾隆微服私访窑湾留传说

清乾隆三十年（1765），乾隆皇帝第四次下江南。回京途中到窑湾微服私访，住在福建会馆的天后宫。几天巡玩，吃遍窑湾美食，看遍古镇美景，也在窑湾留下许多佳话传说。乾隆皇帝品尝窑湾的瓦罐绿酒后，赐名为“绿豆烧”；吃过窑湾船菜后，龙颜大悦，挥笔写下“味极天下”的题词。在窑湾，乾隆还留下“厹犹经古县，窑口溯新湾；堤上看流注，云边辨往还”的诗句，并与纪晓岚演绎出“南通州北通州，南北通州通南北，东当铺西当铺，东西当铺当东西”的妙联巧对。

赵学敏窑湾写医书

赵学敏（1719—1805），字恕轩，号依吉。其祖父为明末御医。清兵入关占领京城后，赵御医不愿为清廷服务，逃回老家江西新建（南昌），以种植中草药、治病救人为生。后中药园被强行征收，无奈，赵御医带领全家老小落居杭州，重操本业。不久病故。赵学敏自幼学医，攻读四书五经，十二岁中秀才，但他不愿为官，甘心做一名知识渊博的儒医。从家乡南昌出发，游访到苏北窑湾镇，定居江西会馆（同乡人开设）。囊括赵氏、宗氏、喻氏三家前辈的医术精华，融合自己多年行医的临床经验，编撰《串雅内编》《串雅外编》《本草纲目拾遗》《膳食谱》等医学著作。书法、丹青也别具一格。享年八十六岁。

《串雅》是历史上第一部有关民间走方医的专著。《本草纲目拾遗》是为了弥补明代医学家李时珍《本草纲目》之不足而作的本草学著作。不仅纠正李时珍书中的几十条错误，而且大量增加了新的药物。该书是清代最重要的本草著作，在中医药史上占有重要地位，一直受到海内外学者的重视。

稻香小村　窑湾镇政府　供图

10 附 录

媒体聚焦

窑湾镇视频媒体稿件统计表

表16

序号	标题	媒体	日期
1	【名镇】在大运河黄金分割点上，追寻苏北水乡的千年记忆	微信公众号：上海发布	2023年3月11日
2	新春走基层| “夜经济”扮靓新春好风景留客串起好“钱”景	交汇点新闻	2023年2月3日
3	古镇新颜过大年：“水乡明珠”年味足	荔枝新闻、江苏公共新闻	2023年1月24日
4	城乡教育丨江苏新沂：告别“土操场”乡村小学焕新颜	学习强国省级平台	2022年12月18日
5	江苏新沂：还鱼儿舒适的“家”，换来“青绿共传承”	学习强国省级平台	2022年11月10日
6	守护运河文化　建设美丽家园	《人民日报》	2022年10月28日
7	百灵·靓丨《美丽中国》江苏新沂版	学习强国省级平台	2022年9月24日
8	2022江苏教师年度人物|刘晴晴：不忘初心，扎根农村育桃李	中国江苏网	2022年9月12日
9	《在水一方》打动观众，“拉魂腔”唱出“平凡人，不凡事”	《扬子晚报》	2022年8月31日
10	江苏新沂：炎炎夏日“荷”你相遇	学习强国全国平台	2022年7月12日
11	百灵·靓丨江苏新沂：60秒看新沂之窑湾古镇	学习强国省级平台	2022年6月29日
12	强国拍客作品精选丨江苏新沂：“一山一湖一古镇”的秀美	学习强国省级平台	2022年6月11日
13	振兴路上丨江苏新沂窑湾镇：“蒜”好了，稳赚	学习强国省级平台	2022年5月13日
14	[新闻直播间]江苏新沂美丽乡村更宜居群众生活更幸福	cctv13	2022年5月5日
15	全省表彰！新沂上榜的是……	微信公众号：今日新沂	2022年5月4日

续表

序号	标题	媒体	日期
16	振兴路上丨江苏新沂窑湾：羊肚菌“安家”富民记	学习强国省级平台	2022年4月21日
17	旅游纪录片《美丽中国·水韵江苏》之大运河	微信公众号：人民网澳新频道	2021年12月13日
18	江苏新沂：“苏北揽胜比江南”美哉古窑湾	中国网	2021年11月25日
19	文脉江苏：苏北运河古商都	《新华日报》	2021年11月12日
20	昨天，新沂上了新闻联播	微信公众号：新沂发布	2021年10月4日
21	我为群众办实事丨江苏新沂：助力乡村振兴为民办实事服务“大民生”	学习强国省级平台	2021年10月1日
22	新沂令人心旷神怡（行天下）	《人民日报》海外版	2021年9月2日
23	江苏新沂：学党史办实事退捕渔民上岸“扎根”	人民网	2021年6月4日
24	江苏方志大讲堂丨胡其伟博士带您探访运河商都——窑湾古镇	微信公众号：方志江苏	2021年5月19日
25	千年运河再现新生机	cctv13晚间新闻	2021年5月3日
26	《远方的家》大运河特辑（5）中运河风情	cctv4中文国际频道	2021年3月10日
27	闻香识古镇	央视网	2011年1月18日
28	科教频道《地理中国》解密窑湾（上）	新沂城建贴吧	2018年6月12日
29	《地理中国》解密窑湾（下）	央视网	2018年6月2日
30	《味道》寻找运河味道 运河小镇里的独特味道	央视网	2017年4月17日
31	《时代》一条河，一座城第四集巨变的时代	央视网	2016年12月23日
32	《时代》一条河，一座城第三集威廉的寻访	央视网	2016年12月21日
33	《时代》一条河，一座城第二集商人的选择	央视网	2016年12月21日
34	《时代》一条河，一座城第一集记忆的传承	央视网	2016年12月20日
35	CCTV发现之旅《魅力故乡》窑湾古镇	魅力故乡栏目	2016年5月21日
36	2015“江苏寻味之旅”：彭城约会汉族名菜南秀北雄美徐州	优酷视频	2016年1月18日
37	《文化大百科》窑湾古镇	央视网	2014年11月11日
38	《跫音》窑湾古镇微电影窑湾古镇旅游	优酷视频	2014年11月17日
39	窑湾古镇	优酷视频	
40	大运河：一座流动的长城——央视大型申遗纪录片《大运河》聚焦运河文化之美“窑湾”站开拍	微信公众号：窑湾古镇	2014年5月26日

备注：《龙鼎风云》电视剧已完结，全剧35集，故事背景在1915年京杭大运河上的窑湾古镇，坊间传言青陶龙鼎在窑湾古镇现世，于是一心复辟帝制的封建余孽、外国文物贩子、护国讨袁的爱国人士纷纷来到窑湾，掀起了一场寻宝、夺宝、护宝的传奇。

民间传说选

天赐仙湖

据说骆马湖原本没有名字，天宫看到这湖水体清澈，水草丰厚，便把天马放饮到湖边。这湖中住着一条白龙，竟和一匹母天马情缘巧聚，珠胎暗结。母天马回到天宫后，生下一只美丽无比的小龙马。小龙马落地后，一声嘶鸣，惊天动地，把正在做寿的王母娘娘吓了一跳。查清原委后，王母娘娘觉得有伤风化，勃然大怒，就要将小龙马处斩。母天马知道后，赶紧向王母娘娘求情，为了保全小龙马的生命，甘愿替子受刑。王母娘娘看其情可悯，便将天马和小龙马打入湖中，从此，这个湖泊就有了骆马湖（又叫落马湖、龙马湖）的名字。现在的骆马湖正是一个马脊背的形状，据说就是当年母天马落入湖中形成的，所以骆马湖又被称作天赐仙湖。

七彩湿地

骆马湖风光旖旋，美景无限。骆马湖湿地被称为七彩湿地，这色彩绚丽迷人的七彩湿地，有着一个美丽的神话传说。传说骆马湖水质清纯，深受王母娘娘的女儿们七仙女（红衣仙女、青衣仙女、素衣仙女、皂衣仙女、紫衣仙女、黄衣仙女、绿衣仙女）的青睐。她们每到月圆的时候，都要到湖中洗浴。再说骆马湖中有一只大螃蟹，得天地之灵气，竟修成了一只千年螃蟹精。这螃蟹精经常兴风作浪，祸害湖边村民。村民们只得年年向螃蟹精供奉猪牛牲畜，以求一时平安。这螃蟹精突然异想天开，威胁村民们把七仙女抓起来，供给自己享用，要不然，就要吃掉村里的童男童女。村民们商议后，毅然把这消息报告了七仙女。于是仙女们佯装被村民们抓住，放在湖的七个角落。螃蟹精一看七个仙女被彩绳捆得结结实实，就兴冲冲地冲上前去。瞬间，只见七条彩绳飞起，把螃蟹精捆了个结结实实。原来，仙女们摆的是七仙阵，用的是七彩网，螃蟹精只能束手就擒了。

七仙女回到天宫前，为了防止其他怪物成精作乱，就把七彩网留在了骆马湖中，后来就变成了骆马湖湿地的七彩植被。螃蟹们以后再也不能直行，并成为湖中三鲜之一，供人们食用。人们在捉到螃蟹后，会用草绳像当年七仙女一样，把它捆个结实。每到端午节，当地人还会给孩子们系上七彩丝带，祈福辟邪，风俗沿用至今。

朱元璋在骆马湖

传说老家安徽凤阳的朱元璋，年幼时父母双亡，只好投靠骆马湖边的姑母郝朱氏。朱元璋在骆马湖时与表弟郝九、村童赵石头最为要好。有一次，他们突然玩起“皇帝坐金殿”的游戏，就是把草筐垒在一起，一人坐上去，两人参拜。朱元璋先“坐殿”，郝九和赵石头参拜，啥事没有。表弟郝九坐上去，朱元璋刚要参拜，他就头晕不止，摔了下来，赵石头“坐殿”也摔了下来。

有一天朱元璋和表弟一起去湖里打草，中午困乏，就在草坡上躺下睡觉。谁知湖里的青蛙太多，“呱呱”叫声不绝，有的甚至跳到朱元璋的身上，吵得朱元璋心烦意乱，他对着骆马湖气急败坏地吼道：“那个蛙子再叫，我把你们都杀了。”霎时间，所有的青蛙都不出声了。表弟甚是奇怪，回家说与朱元璋的姑母听，姑母也是不得其解。后来，朱元璋做了皇帝，人们想起他的童年往事，才知道只有“真命天子”，才能让青蛙不敢出声。据说，直到今天，当年朱元璋睡觉的那个小岛，青蛙还是只鼓肚子不出声，这个岛被称为“干鼓岛”。

纪大学士巧对乾隆

在窑湾古镇的典当博物馆里，有这么一副对联，上联是：南通州北通州南北通州通南北，下联是：东当铺西当铺东西当铺当东西。这样一副巧对，当然不是凡夫俗子能为，这里面有着乾隆帝、纪晓岚与和珅的故事。

明末清初，中运河开通后，大运河经过窑湾古镇和骆马湖，可以直通江南。乾隆帝几次下江南，曾在窑湾古镇停留休憩。这一年乾隆与和珅、纪晓岚顺大运河南下巡游，到窑湾码头自然下船游览一番。游览后一行人来到望月酒楼休息，乾隆帝凭窗而眺，看运河上船来船往，想到大运河贯通南北，带来了繁荣盛世，成就感油然而生，感慨之中想到自己从大运河的北部起点通州出发，不日即可到达大运河的江北终点南通州，突然想出了一个绝妙的上联：“南通州北通州南北通州通南北”，可是下联却无论如何也想不出来了。怎么办呢，就像电视剧里演的一样，马上喊来了和珅与纪晓岚，让他们对出下联。这和珅最是精明，他在心里一琢磨，皇上这上联是“南北”，我这就要对“东西”，这“东西”对的不好，就是骂人的话了，这是大罪，我可不想摊上事！和珅便回答，臣才疏学浅，这对联对不出来，纪大学士学识渊博，不如让他来对这对联！一下子就把皮球踢给了纪晓岚。这纪晓岚听到这个上联，也是十分犯愁，你想，这有多少个南北，就要对多少个东西，还要词义贴切，能好对吗？可是俗话说，时运来了山也挡不住，纪晓岚的时运还真来了。原来在窑湾镇上，有山西商人开设的两家当铺，一家叫宝丰萃当典，在西大街，当地人叫它西当典，另外一家叫元升当典，在中宁街，当地人称它东当典。才思敏捷的纪大学士深受启发，稍一思索，便对出下联：“东当铺西当铺东西当铺当东西”，这下联对上联，工整贴切，堪称神对，乾隆听后十分赞赏。纪晓岚十分得意之余，当然也没有忘记骂一下把皮球踢给自己的和珅，他对和珅说：“这简单的东西对联和大人都对不出，可见和大人你真不识（是）东西啊！”

怒打蛮船

《打蛮船》的故事，是一个发生在窑湾的故事，一个关于窑湾好汉的故事。

乾隆五十二年（1787），湖南道运粮官罗恒太押运皇粮进京。这罗恒太可不是一个好东西，他贪得无厌，财迷心窍，利用官船的方便，一路上贩卖私盐、牟取暴利、坑害百姓。回程途中，经山东临清，当地灾荒，百姓卖儿卖女，这罗恒太趁火打劫，专门收买民女，准备拐卖到南方获取暴利。灾民苏梅一家借贷无门，不能眼看一家饿死，无奈将妻子刘瑞莲卖到罗恒太官船上。这罗恒太带着10船民女，到了窑湾码头停靠后，刘瑞莲思念家人在船上啼哭，恰遇外出多年从南方做生意刚刚归来的胞兄刘奉先，这刘奉先人称刘武举，有着一身好武艺。刘奉先认出胞妹，方知家乡遇到灾荒妹妹受害。这刘武举找到罗恒太，愿意出钱赎回胞妹。可这罗恒太却倚仗权势坚决不允。这刘武举虽有一身好本领，面对官船上一群官兵却孤掌难鸣。这时他想起了自己的结拜兄弟、窑湾好汉王三楞。这王三楞可不是等闲之辈，这人行侠仗义，深受窑湾百姓拥戴，“有名徒弟三百六，无名徒弟记不全”，是一个跺跺脚就能地震的主儿。王三楞一听这事，那还了得，一声呼唤，上千百姓，个个义愤填膺，“走，打蛮船去，揍那狗官！”。于是，窑湾上千好汉怒打蛮船，那场面真是了得，戏文写道：“王三楞一声喊，团团围住蛮子船。腥风血雨开了战，解救瑞莲打蛮船，蛮子见血不敢打，侉子见血打的欢。不知蛮子死多少，草帽捞了七八船。”窑湾好汉救出了刘瑞莲及被卖民女，罗恒太只身逃走。这件事后来在民间广为流传，并被编成戏曲演唱，家喻户晓，300多年传承不衰。

李配水寨

清朝康熙年间，骆马湖李圩子曾有过一个水寨，水寨里有一群豪侠，为首的名叫李配。这李配，原是梁山好汉混江龙李俊的后人，为反抗官府的欺压，带着一帮兄弟到骆马湖落了脚。此人武功甚是了得，尤其惯熟水性，能在水下潜伏三昼夜。李配工于谋略，人称猴子李配，所建水寨四面环水，有三重栅栏，巧布水道，暗设机关，遍插梅花桩，又有战船多艘，外人不识路径，插翅也难进入。李配专爱结交江湖好汉，每日里训练水兵，经常劫掠过往官船，他把水寨中的聚义厅称作金銮殿，一心要与朝廷作对。

一次，一个叫于亮的江湖好汉，为躲避朝廷缉拿，前来投奔李配。这李配最讲江湖义气，不仅收留于亮，还与其结拜兄弟，发誓为其报仇。

不久，漕运总督施世纶，也就是公案小说《施公案》中的施公，微服私访来到骆马湖，正好被于亮发现，竟将其诱骗捉到水寨。李配知道，这施公手下自有一帮干将，为首的叫黄天霸，也是一个厉害的角，施公被捉，自然不会善罢甘休，便依仗水寨迷宫，严阵以待。

还是老话说得好，堡垒是最容易从内部攻破的。这寨主李配万万没有想到，自己的管家，竟然是一个大大的内奸。这管家悄悄地联络了黄天霸，泄露了枯水季节水寨后面与陆地相连的秘密，并定下了里应外合之计。结局可想而知，寨前突然起火，官兵从寨后杀入，尽管李配勇力过人，与黄天霸杀得旗鼓相当，天昏地暗，最终却终归末路。

李配死了，水寨毁了，但李配和水寨的故事却流传了下来。后来，水寨的故事被改编为京剧《骆马湖》，成为京剧中的著名剧目，有着十分广泛的影响。

1958年，骆马湖修建水库，在李圩子以东一带，挖出来当年沉没的战船和梅花桩，说明李配和水寨的故事并非完全虚构。

古镇晨曦 朱武江 摄

大 事 记

东周

周敬王八年（前512） 属钟吾国。冬，吴灭钟吾国，地属吴国。

周元王四年（前472） 属楚国。

秦朝

秦王政二十四年（前223） 属下相县，后属司吾县。

唐朝

武德元年（618） 窑湾建镇，始名隅头镇，隶属宿迁县。

永徽元年（650） 薛仁贵东征后带兵驻窑湾军训并剿匪，剿灭匪患后，镇内百姓为薛仁贵建庙两处，塑像立碑。

宋朝

南宋绍兴元年（1135） 四月金将渡淮，屯宿迁乐（骆）马湖。

南宋绍兴三十一年（1161） 境域堰头人魏胜率300人骑获抗金大捷。《宋史·魏胜传》载“奏功，授阁门祇侯，差知海州，兼山东路忠义军都统”。

元朝

至元五年（1339）　七月沂水暴涨，境域内河堤决口数道，毁坏房屋数千间，伤亡700余人，庄稼受淹无收。

明朝

万历三十二年（1604）　河督李化龙开泇河。自是大运河流经窑湾。

天启六年（1626）　总河李从心开骆马湖，筑堤遏沂水入之，粮船由此入泇河。

崇祯五年（1632）　总河尚书朱光祚浚骆马湖，避河险十三处，名顺济河，顺济河上接邳州界石窑湾起，下至骆马湖口止，长七十里。

清朝

顺治九年（1652）　夏，黄河决口，境域内水灾严重。

康熙七年（1668）　六月，山东郯城大地震，波及境域内，隅头集镇下沉，镇治所迁至窑湾。

康熙十八年（1679）　窑湾关帝庙建成。

康熙十九年（1680）　建万家庄（今万庄）石坝一座。

康熙十九年（1680）　于黄河北岸骆马湖开皂河一道四十余里，上接泇口（窑湾沂河口北侧的泇河口），下达黄河，漕运畅通，行船便利。

康熙二十九年（1690）　建窑湾竹络坝，俱泄运河出岸之水由隅头湖入骆马湖。

康熙六十一年（1722）　齐苏勒开新河（运河）。

雍正年间（1723—1735）　旅居窑湾的山西商人在关帝庙中设山西会馆。

乾隆二十六年（1761）　三月二十五日窑湾全镇商民遵示公立禁收落地

税碑，重申雍正十三年（1735）禁收落地税之上谕。

乾隆三十年（1765） 乾隆皇帝第四次“南巡”，从皂河进驻窑湾。

道光十六年（1835） 窑湾举人臧纡青第二次赴京会试，与朝中禁烟派官员来往，参加陶然亭禁烟集会。

咸丰三年（1853） 臧纡青率领的虎头军“忠壮营”与太平军在桐城作战，寡不敌众，阵亡，赠三品卿衔，予世职。

咸丰九年（1859） 四月，捻军自山东南犯，官湖、窑湾被焚掠。

光绪十一年（1885） 七月，窑湾元升典当行立基石碑。

光绪十九年（1893） 窑湾镇设电报局。

光绪二十一年（1895） 窑湾举人陆文椿进京会试，参加康有为、梁启超组织的“公车上书”。

光绪三十四年（1908） 窑湾举人陆文椿带领湖民抗缴湖税。

光绪三十四年（1908） 设窑湾商会，地跨邳宿两境，故名邳州窑湾商会。

宣统元年（1909） 天主教堂建成。

宣统二年（1910） 上海招商局淮阴分局办理杨庄至邳州客轮班船，设窑湾轮船站。

宣统三年（1911） 窑湾建清真寺。

中华民国

1912年

6月12日 宿迁市政府在窑湾设立睢宿邳团练清乡分局。

10月 窑湾第一小学成立。

10月 窑湾三等邮局升为二等邮局，增开直达徐州报路，电码由英文改为中文。

是年 设窑湾市，当时窑湾以界牌为记，西临、迎熏属邳县辖地，东宁、中宁为宿迁辖地。

1913年

10月5日　老沂河决口，许多农民被迫逃荒要饭。

是年　张勋部队路过窑湾拉夫扰民，商店受抢掠。

是年　镇江商人在窑湾开设鸡蛋厂，一名同福，一名恒发祥。

是年　宿迁城孤儿院迁窑湾。孤儿院由本镇前清举人陆文椿募资开办。

1914年

7月19日　沂河暴涨，窑湾北门外沂河决堤，为百年巨灾。自骆马湖至窑湾一带，共淹死1000余人。

1917年

是年　镇上设乙种商业学校，经费由粮商每斗纳捐二文。

1918年

4月　镇上始种牛痘。

1923年

是年　窑湾镇始设户籍事务所。

1925年

5月　五省联军孙传芳部攻击奉军，奉军许琨部姚霁带兵路过窑湾，13日晨，姚部在窑湾东门外陆营开枪打死村民1人，伤5人，牵走牲畜16头，又进入窑湾镇内纵火烧屋，挨户搜抢，并开枪打死无辜百姓26人，伤50余人。

10月27日　窑湾孤儿院因军阀混战、经费不济而停办。

1926年

9月　中共徐州独立支部派陈亚峰到邳县建党。陈亚峰先后介绍窑湾范玉贤、姜景义、王作栋、刘俊莪等10人入党。

是年　前清廪生陆文榜于光绪末年在窑湾开办的敬业学校归县办，改称为宿迁县立第四小学。

1927年

春　境域内学校多数被迫停办。外国传教士在窑湾镇兴办教会学校。

6月　国民党宿迁县政府正式在窑湾施政。

是年　德、法、美等国传教士，在窑湾发展天主教徒百余名。

是年　窑湾基督教耶稣堂始建。同时兴办小学一座。

1928年

1月　兴办邳县第二小学校，校址在窑湾。

10月　中国共产党在阎溜村成立党支部，这是新沂境域内第一个中共党支部。

11月　中共邳东区委在阎溜村王守宽家成立，王守宽任书记。

1929年

11月9日　中共邳东区委书记黄景武等人带领许楼、陈宅一带农民抗交土地税。

是年　陆口村陆华安创办陆口小学。

是年　宿迁县二等邮局开始架设电话线路（单铁线），由宿迁经皂河，延至窑湾、堰头。

1930年

10月3日　大运河决堤，镇内居民淹死百余人。

是年　马圩庄马陆氏出资开办马圩私立小学校。

1934年

是年　增设新安镇至堰头、窑湾步班邮路，窑湾、新安两镇增开加急传呼。

1938年

9月　苏皖特委书记邵幼和派戴树璜到窑湾杨庄发展青救团员，组织抗日自卫队。

12月下旬　李浩然在邳东许楼建立苏皖特委，发展晁福祥、王子鲁等人入党。

12月21日　八路军山东纵队陇海南进游击支队在许楼村成立，钟辉任司令员，梁海波任副司令员。

12月　日本3架飞机轰炸窑湾，炸死、炸伤群众20多人，炸毁房屋20余间。

1939年

9月11日　八路军陇海南进游击支队第三团和第二梯队，在陆口、尹庄伏击日军辎重排，击毙日军17人，击毁辎重车2辆。

1941年

7—8月　中共地方武装马陵大队成立，徐玉珍任大队长，后改编为淮海军分区三支队九团。

1942年

8月5—8日　新四军独立旅一部攻下马圩等四个据点。

1943年

9月14日　三支队九团配合新四军3师7旅20团，发起沂河战斗，拔除臧圩、马圩、庄林场、官界、王楼等7个据点，歼敌400余人。

1944年

5月　新四军三师成立陇海联络部，设立窑湾联络站。

1945年

2月28日　窑湾日伪军300余人向李圩子、六座窑一带“扫荡”，宿北警卫团予以还击。

5月4日　窑湾日伪军进犯孟场，烧毁民房数间，被宿北警卫团二营击退，日伪军死伤30余人。

1947年

1月　解放军转战山东，窑湾党政干部北撤。

是年　一批知识分子和乡绅创办窑湾初级中学。

1948年

1月　宿北县委成立运河工委。

2月　宿北重建运河区。

7月2日　华东野战军第二纵队南下，宿迁、窑湾的国民党军政人员仓皇撤走，窑湾区全部解放。

11月8—12日　华东野战军苏北兵团发起窑湾战斗，全歼国民党63军1.5万余人。

中华人民共和国

1949年

5月20日　新安县成立，设窑湾区，辖窑湾、土楼、王楼、窑北、庄林、沂运、运滨、墩湖、窑东、东宁、西临、化里、协济、永安、新利、中和16个乡镇。

同年9月2日，又新增陆楼乡（从墨河区划出），共辖17个乡镇。

11月　淮阴地区实施导沂整沭工程，至1953年春，建成骆马湖滞洪水库。

是年　窑湾区卫生院成立。

1950年

8月25日　中国粮食公司淮阴分公司设窑湾粮食营业所，从事粮食购销业务。

1951年

1月　土改运动开始。年底，土改结束。

6月　境域内发生蝗灾，蝗虫遮天蔽日，受灾面积2.5万亩。

1952年

是年　窑湾中学建立。

1953年

4月11日　窑湾地区遭强大寒流袭击，70%以上麦田受害冻死。

6月30日零时　全国进行第一次人口普查，窑湾常住户8898户，总人口49878人，其中男性25188人、女性24690人。

1954年

10月16日　召开窑湾镇第一届人民代表大会。

1955年

12月29日　县行政区域调整，窑湾为县属区。

1956年

7月27日　撤区并乡，窑湾区改为镇建制，是新沂县唯一保留的县属镇。

1958年

8月10日　修建防洪大堤，骆马湖为常年蓄水库。李圩乡位于湖中心，除胜利村划归窑湾镇外，其余社员迁往棋盘、堰头等乡居住，撤销李圩乡建制。

是年　窑湾公社共迁出1.5万人到炮车、墨河、瓦窑、王庄4个公社。

1959年

8月2日　窑湾所辖王楼、官场、庄林、沂运、王楼、许楼等8个大队和原炮车公社的陆口、土楼两个大队合并成立王楼公社。

1961年

7月后　窑湾、棋盘、堰头、王楼骆马湖区居民搬迁3100户、12883人。

1963年

是年　组建窑湾木船队，后更名木船社、新沂县航运公司。

1964年

6月30日　窑湾进行第二次人口普查，全公社6736户，总人口25099人，其中男性12339人，女性12760人。

1965年

5月28日　窑湾公社骆马湖内的花嘴、李圩、蔡场等4个生产队单独成立李圩大队，窑湾街市单独成立窑湾镇。

8月　窑湾连降大雨，淹田、毁房，多种疾病相继发生，各村均有人死亡。

1966年

是年　中运河复堤，境域内长度11.7千米。

1967年

1月28日　境域内连续降雪7天，平均厚度近1米。

1973年

4月　境域内麻疹病流行，约40%儿童发病。

1975年

是年　窑湾轴线厂、新沂县造船厂、五墩电灌站建成。

1976年

7月22日下午2时许　窑湾遭特大龙卷风袭击，当时公社党委正召开大会。龙卷风摧毁了大会堂正面的“女儿墙”，砸塌大会堂，死34人，重伤98人。全社共刮倒房屋2000多间，伤亡184人。

1977年

6月29日下午　龙卷风由骆马湖经窑湾境，窑湾造船厂棚顶被风卷走，砸伤8人。

1978年

9月　窑湾中学教导主任孙汉英获全国优秀班主任荣誉称号。

1979年

1月28日　雨雪寒流伴随八级大风袭击窑湾境域，造成树木压折、小麦冻灾。

5月1日　窑湾绿豆烧酒厂投产，主要生产“窑湾绿豆烧”系列酒和“窑湾大曲酒”。

1980年

9月1日　胜利联办中学建成并投入使用。

1981年

3月　中共窑湾公社委员会通过农业实行联产承包责任制的决定。

1982年

7月22日下午　境域遭受特大暴风雨袭击，刮倒房屋1070间，伤12人，500亩鱼塘受损。

是年　窑湾第三次人口普查，全公社6962户，总人口29622人，男性15098人，女性14524人。

1983年

9月　撤销窑湾公社名称，改为窑湾乡。

是年　窑湾镇被省水利厅评为省农田水利先进单位。

1984年

8月　窑湾镇民间艺人张同才被中国民间文艺家协会评定为“中国民间艺术家”。

是年　王楼乡丁场村曹广银、孙成华家庭被全国妇联评为“五好家庭”。

1985年

是年　设立窑湾堤防管理所，隶属新沂河道管理局。

1987年

2月　窑湾撤乡建镇。

9月1日　境域内遭受10级以上暴风袭击，秋作物受灾减产。

12月　《窑湾镇总体规划》完成。

是年　位于中运河窑湾镇区的新沂汽渡正式运行，有渡船6条。

1989年

8月　窑湾毛巾厂300万多条小浴巾远销美国，创汇12万美元。

1990年

2月7—10日　镇政府积极组织力量，救援被冰冻围困在骆马湖中的100多艘渔船、250多名渔民。

7月1日　第四次人口普查，全镇共有7272户，总人口29839人，其中男性14926人、女性14913人。

1991年

4月　徐福瑞被国家工商行政管理局、中国个体劳动者协会评为全国先进个体劳动者。

1992年

8月　航运公司建成油库一座，钢质油罐4个，储油能力近75吨。

10月15日　徐州市第一座发光航标在骆马湖北航道与京杭运河航道交会处建成并投入使用。

1993年

2月4日　窑湾观音庵第三代主持常悟法师圆寂，举行坐化仪式，上海、南京、浙江、徐州等地100多名僧尼前来参加。

1995年

5月12日10时　窑湾遭受大风袭击，风力10级以上，小麦倒伏，损坏民房。

7月25日　境域内遭受暴风雨袭击，风力9级以上，农田成灾面积3.2万亩，刮倒民房83户250多间，刮倒电线杆43根。

9月2日　在窑湾中学举行赵存祯烈士纪念碑亭落成仪式，赵存祯烈士的女儿和外孙参加活动。

1999年

10月21日　王楼乡撤乡建镇。

是年　窑湾街对岸的小街子，受河道疏浚工程施工影响，古老的小街从此消失。

2000年

4月6日　撤销王楼镇行政区划，将王楼镇辖区并入窑湾镇。

10月　镇有企业（渔厂、渔网厂、毛巾厂、冷库等）改制为民营企业。

2001年

7月1日　《窑湾人民革命斗争史录》一书印刷出版。

2002年

5月14日下午　遭受特大风暴袭击，倒伏小麦2.3万亩，受渍3万亩，刮断树木1万多株。

是年　胜利联办中学撤销，并入窑湾中学。

2003年

7月19日下午3时至5时　境域内遭受龙卷风和特大暴风雨袭击，龙卷风经过境域许楼、桑庄、陆口、土楼等13个村，波及全镇21个村及机关单位，造成直接经济损失1670万元。

12月　窑湾镇在原胜利联办中学校址建立中心敬老院。

2004年

是年　窑湾镇被评为江苏省文明镇。

2005年

6月15日　境域内遭受特大暴风雨袭击，风力10级以上，刮折大泵船8条，刮沉4条，4人死亡，农作物和树木损坏严重。

2006年

5月25日　窑湾镇所在的京杭大运河中运河段被国务院公布为第六批全国重点文物保护单位。

9月8日　市政府成立窑湾古镇管理处，并成立窑湾古镇保护与利用委员会。

2008年

1月17日　骆马湖特种养殖有限公司被农业部认定为“农业部水产健康养殖示范区”。

9月　新沂市政府成立新沂骆马湖旅游发展有限公司，负责窑湾古镇和骆马湖保护开发工作。

10月26日　古镇窑湾开发启动仪式暨中国徐州首届模特大赛在窑湾举行。

2009年

3月3日　新沂市政府批复，同意《窑湾古镇旅游开发总体规划》实施。

9月29日　窑湾古镇保护与开发一期工程竣工，景区开始免费接待游客。

10月29日　窑湾镇被省政府办公厅公布为江苏省第六批历史文化名镇。

2010年

3月19日下午　省长罗志军、副省长徐鸣视察古镇窑湾。

9月7日下午　以国家文物局专家张廷皓为组长的考察组到窑湾考察申遗工作。

10月19日　由国家旅游局组织的中国京杭大运河旅游规划考察团到窑湾考察。

12月28日　徐州年度经济风云榜颁奖，窑湾古镇景区获“2010最受徐州市民喜爱旅游景区”称号。

12月31日　中国运河年活动组委会发起的“中国运河景观评选·最美运河十景大众投票环节”结果揭晓。窑湾古镇获得网上投票第二名。

2011年

4月16日　窑湾镇获得国际旅游业管理协会、中国国际品牌协会、中国县域经济协会联合颁发的“中国最具魅力乡村旅游目的地”称号。

7月15日　窑湾镇被住建部和国家旅游局公布为第二批“全国特色景观旅游名镇”。

10月10日　窑湾古码头建成竣工。

10月14日　窑湾镇获“徐州生态镇”称号。

2012年

5月13日　江西会馆修复竣工揭牌、八省商会窑湾联谊会揭牌和新沂市重大项目集中签约仪式在窑湾古镇举行。

5月26日　“新沂市龙源酒业杯”摄影大赛在古镇窑湾启动，全国各地120多名摄影爱好者参加启动仪式。

6月16日　窑湾古镇被第三届中国消费经济高层论坛·慢城峰会评为“2012年中国十佳村镇慢游地”。

9月25日　省委副书记石泰峰到窑湾镇检查生态镇创建工作。

10月3日　国家旅游局公布窑湾古镇为国家AAAA级旅游景区。

10月27日　全国拔河精英赛和全国拔河新星大赛在窑湾古镇举行。

10月　窑湾镇通过“江苏省生态镇”“江苏省卫生镇”验收。被中国古镇网评为“最具潜力古镇”。

11月23日 “窑湾绿豆烧”获批国家地理标志保护产品。

12月28日 窑湾镇举行国家级AAAA级旅游景区授牌、山西会馆修缮完成开放及绿豆烧展示馆开馆仪式。

是年 窑湾镇被命名为“徐州市创建达标中心镇”。

2013年

3月3日 大型电视剧《到窑湾之龙鼎风云》暨中央新影集团窑湾古镇拍摄基地揭牌仪式在窑湾镇举行。

5月11日 第三届中国新沂环骆马湖自行车公路赛暨第五届“生态新沂旅游文化节”在古镇窑湾举行。此后每年环骆马湖自行车公路赛均以窑湾古镇为起点或终点。

6月23日 窑湾古镇在中国饭店文化节上被评为最佳人文古镇。

11月16日 窑湾镇获“2010—2012年度江苏省文明乡镇”称号。

2014年

1月2日 新沂骆马湖旅游发展有限公司被徐州市名牌战略推进委员会公布为徐州服务名牌。

3月18日 新沂市窑湾古镇景区被徐州市委宣传部命名为第八批徐州市爱国主义教育基地。

3月 窑湾镇文化站在全国乡镇综合文化站评估定级中被评为一级文化站。

4月25日 省长李学勇到窑湾视察工作。

7月 窑湾镇文化站被省文化厅、省财政厅评为江苏省公共文化服务体系示范区。

9月 投资2000万元的窑湾镇综合农贸市场建成。

10月15日上午 徐州市骆马湖水源地及第二地面水厂工程开工仪式在窑湾镇举行。

10月18日 窑湾镇新政府大楼落成启用。

12月24日　窑湾镇被江苏省名牌战略推进委员会公布为江苏省服务业名牌。

12月31日　窑湾古镇景区被江苏省旅游局公布为2013—2014年度江苏省旅游行业诚信示范单位。

2015年

2月28日　窑湾镇被中央精神文明建设指导委员会评为“全国文明村镇”。

10月15日　窑湾古镇三桥村被农业部公布为中国最美休闲乡村（历史古村）。

12月24日　骆马湖旅游发展有限公司被江苏省名牌战略推进委员会评为江苏省服务业名牌。

12月25日　窑湾大运河风光带绿化二期工程竣工。

2016年

1月14日　窑湾绿豆烧入选江苏省第四批省级非物质文化遗产代表性项目名录。

1月　窑湾镇被徐州市人民政府评定为徐州市重点特色小城镇。

5月6日　窑湾古镇旅游景区被2015年中国旅游总评榜评为“年度最具潜力旅游品牌”。

7月18日　窑湾镇四星级宾馆——运河商都酒店正式营业。

8月12—13日　由中国科技产业化促进会新型智慧城市研究院主办的物联网创新发展峰会在江苏省新沂市窑湾镇举行。全国100余家物联网企业受邀参加活动。

9月29日—10月6日　徐州市第三届文化博览会窑湾古镇分会场开展为期8天的文化活动。

10月14日　“江苏省华侨文化交流基地”揭牌仪式在新沂市窑湾古镇举行。

10月22—25日　新沂市第十四届金秋经贸洽谈会大运河美食文化节在窑湾古镇举行。

12月19—22日　描写大运河和窑湾古镇的四集人文历史系列纪录片《一条河，一座城》在央视第九套节目连续播出。

2017年

1月11日　窑湾镇被省“扫黄打非”工作领导小组授予“扫黄打非”先进集体荣誉称号。

5月5日　窑湾镇三桥社区被国务院侨务办公室公布为社区侨务工作示范单位。

11月17日　窑湾镇被中央精神文明建设指导委员会评为“全国文明村镇”。

11月28日　窑湾古镇被省水利厅、省文化厅、省旅游局授予“江苏最美水地标——水聚落”称号。

2018年

1月　窑湾镇个体户李红星被徐州好人评选组委会授予“徐州好人”称号。

3月17日　窑湾镇被省环保厅授予“省生态文明建设示范乡镇（街道）”称号。

9月　中运河及窑湾明清古建筑群保护碑落成。

9月　窑湾镇被列入江苏省运河文化风情小镇创建单位。

11月　窑湾镇被新华报业传媒集团、扬子晚报社和省农业资源开发学会评为2018年度江苏省十佳历史文化小镇。

12月　窑湾镇刘宅村被评为江苏省生态文明建设示范村。

2019年

2月　窑湾镇获“全国文明镇”称号。

2月　窑湾镇被评为2016—2018年度江苏省文明乡镇。

5月5日　在省文联和扬州市政府共同举办的“大运河城市文旅消费论

坛”和“大运河文化旅游产业投资合作论坛”中，窑湾镇获大运河城市文旅消费“十佳文旅示范名镇”称号。

6月4日　窑湾古镇在省委宣传部、省大运河文化带建设工作领导小组办公室指导，省交通运输厅、省水利厅、省文化和旅游厅、省文物局主办的“寻找大运河江苏记忆”活动中，被评为“江苏最美运河地标”。

6月　窑湾古镇入选《中国大运河蓝皮书》。

9月12日　窑湾古镇取得国内水路运输许可证，是苏北地区唯一一家。

9月18日　江苏省委书记娄勤俭到新沂窑湾古镇考察大运河文化带建设。

9月　《江苏省大运河文化带（徐州段）保护传承利用实施规划》把窑湾古镇定位为临河国家文化公园。

11月8日　窑湾古镇举行水上旅游首航仪式并试营业。

12月　窑湾镇三桥村被评为江苏省文明村。

2020年

1月　窑湾镇三桥村被江苏省委统战部评为“全省基层侨务工作优秀单位”。

3月17日　省长吴政隆到窑湾古镇调研。

8月1日　2020中国·窑湾大运河文化节在窑湾古镇开幕，这次文化节系列活动历时60天，期间举行古镇寻宝、水上嘉年华、大运河文化专题研讨会、书画窑湾、诗歌之夜等一系列文化和旅游活动。

8月23日　窑湾镇被评为2020年江苏省级农产品加工集中区（新沂市骆马湖农产品加工集中区）。

9月22日　在第二届大运河文化旅游博览会上，窑湾镇被评为“大运河文化带魅力小镇”。

9月　窑湾镇启动骆马湖退圩还湖生态修复工程。

10月　窑湾镇被评为2020年度全省特粮特经特色产业小镇（鲜食毛豆特色产业小镇）。

11月　窑湾镇被中央精神文明建设指导委员会评为“全国文明村镇”。

是年　窑湾古镇开展大运河文化带建设，印象文化活动中心建成并投入使用。苏镇扬会馆工程竣工，完成民俗文化商业街附属及景观绿化工程。华棠桥、戒色桥、戒烟桥三座景观桥梁竣工，完成西城门城墙工程。

2021年

3月16日　新沂市大运河国家文化公园窑湾核心展示园项目列入2021年度江苏省重大项目清单。

4月29日　江苏方志大讲堂暨学四史、方志文化“六进”活动走进窑湾古镇。

5月31日　文化和旅游部、中央宣传部、中央党史和文献研究院、国家发展改革委发布窑湾古镇窑湾战斗陈列馆为建党百年红色旅游百条精品线路。

6月10日　江苏省文化和旅游厅、江苏省文物局公布窑湾古镇为江苏文化遗产旅游精品。

7月16日　淮海战役窑湾战斗陈列馆入选2021中国美丽乡村休闲旅行（夏季）精品景点线路。

8月19日　窑湾镇窑湾印象被江苏省文化和旅游厅列入2021年度江苏省“最美公共文化空间”打造对象名单。

8月31日　投资3100万元的窑湾中学全面完工并投入使用，建筑面积总计约9000平方米。

9月2日　窑湾古镇入选江苏“运河百景”标志性运河文化和旅游产品名单。

9月23日　2021年中国农民丰收节江苏主场活动在新沂举行，省市领导到窑湾现场观摩。

10月25日　窑湾镇三桥村被农业农村部列入2010—2017年中国美丽休闲乡村监测合格名单。

11月13日　窑湾古镇在第七届长三角慢生活旅游峰会上被评为“长三角最佳悠享旅游小镇”。

2022年

1月　窑湾江苏汇农天下农林有限公司获“江苏省龙头企业”称号。

1月5日　窑湾镇被评为2019—2021年度江苏省文明镇。

1月6日　三桥村获得“2019—2021年江苏省文明村”称号。

1月13日　计划投资1.02亿的全镇水系连通工程项目开始动工。

1月22日　窑湾镇评为2021年省级农产品加工集中区（新沂市骆马湖农产品加工集中区）。

2月　窑湾镇三桥村被江苏省生态环境厅授予“江苏省生态文明建设示范村”称号。

3月4日　新沂市“大运河国家文化公园窑湾核心展示园”入选江苏省文化和旅游厅2022年江苏省重点文化和旅游产业项目名单。

5月　以建设大运河文化带为切入点的柳琴戏《在水一方》，走进江苏大剧院，亮相紫金文化艺术节。

5月31日上午　新沂市窑湾镇大运河文艺促进会成立暨第一次会员代表大会在新沂市窑湾景区龙舟驿酒店召开。

6月　非遗进窑湾古镇景区项目被列为首批江苏省20个“无限定空间非遗进景区”示范项目。

7月　骆马湖（新沂）退圩还湖生态修复一期和骆马湖出入湖河道、整治、新沂市窑湾镇水系连通2个项目，成功纳入国家级“十四五”期间第二批山水林田湖草沙一体化保护和修复工程，获得中央财政资金补助3.079亿元，省财政资金补助1.1898亿元，实现国家“山水工程”零的突破。

9月9日　窑湾中学教师刘晴晴入选江苏省教育厅、省总工会评选的“2022江苏教育年度人物”，全省仅20名。

10月　《人民日报》“记者调查”一个整版报道新沂守护运河文化建设美丽家园。

11月16日　由江苏省柳琴剧院创作的大型原创柳琴戏《窑湾往事》在徐州音乐厅成功首演。大型原创柳琴戏《窑湾往事》入选“2022年江苏重点题材剧目创作辅导孵化剧本、江苏省艺术基金2022年度舞台艺术创作资助项目”，并成为江苏省委宣传部“2021年江苏省戏剧剧本大纲征集”活动入选作品。

12月16日　窑湾古镇位列2022徐州十大著名景点排行榜第二名。

编后记

《江苏名镇·窑湾镇志》编修工作始于2022年1月。窑湾镇党委、镇政府成立《江苏名镇·窑湾镇志》编纂委员会，镇党委书记担任主任、镇长担任副主任，镇党政两套班子人员担任编委会委员。同时，挑选熟悉地情，且有一定编写能力的人员组成编写组。

按照江苏名镇志编纂要求，重点体现“名”和“特”，在谋篇布局过程中，根据窑湾运河文化古镇、旅游特色小镇、红色文化名镇的特点，精心进行篇目设计，做到人有我有，人无我有，设置遇见窑湾、美丽窑湾、水韵窑湾、文润窑湾等9个具有窑湾地域特色的篇目。经过查阅大量史料，并到村、相关企事业单位征集一线资料，为撰写初稿积累丰富素材。通过查证核实，去粗存精，去伪存真，确保资料的真实、可靠。在工作推进中，编纂人员分工明确、责任到人，做到分工合作、协同配合。同时，将业务培训贯穿于编修工作全过程，做到在学中干、干中学，不断提升编纂人员业务水平，确保编修工作进度和质量。2022年12月，形成初审稿。2023年2月，形成复审稿。4月，形成终审稿。2023年6月，通过终审。同年8月，形成验收稿，后经反复修改提升，通过验收。

在镇志编修期间，得到省志办、徐州市史志办及新沂市史志办领导和方志专家的指导，得到各村、企事业单位和社会各界的关心支持。在这次编修工作中，借鉴和运用了索增仓先生《窑湾往事》、陆振球先生《古镇窑湾》和钱宗华先生的系列研究文献及其他学者的整理研究成果，摄影图片也采用了一些相关单位提供的图片，在此一并致谢。

名镇志编纂是地方志编修的一项创新性工程。编写人员竭尽全力将本志打造成精品，成为江苏名镇志的典范。但由于水平有限，加之时间紧、专业性强，志书时间跨度长、资料搜集难，失误、疏漏、偏颇之处在所难免，恳请领导、专家学者及社会各界人士批评指正。

《江苏名镇·窑湾镇志》编纂委员会

2023年10月